Marcus E. Levski

WAS NICHT GESAGT WERDEN DARF

Vom Untersberg bis zum Reinberg bei Wels

Marcus E. Levski

WAS NICHT GESAGT WERDEN DARF

Vom Untersberg bis zum Reinberg bei Wels

„Was nicht gesagt werden darf"
1. Auflage Oktober 2020

Ancient Mail Verlag Werner Betz
Europaring 57, D-64521 Groß-Gerau
Tel.: 00 49 (0) 61 52/5 43 75, Fax: 00 49 (0) 61 52/94 91 82
www.ancientmail.de
Email: ancientmail@t-online.de

Verantwortlich für die Produktsicherheit:
Ancient Mail Verlag Werner Betz
Europaring 57, D-64521 Groß-Gerau
Tel.: 00 49 (0) 61 52/5 43 75, Fax: 00 49 (0) 61 52/94 91 82
www.ancientmail.de
Email: ancientmail@t-online.de

Bibliografische Information der Deutschen Nationalbibliothek:
Die Deutsche Nationalbibliothek verzeichnet diese Publikation in der Deutschen Nationalbibliografie; detaillierte bibliografische Daten sind im Internet über http://dnb.dnb.de abrufbar.

Coverfotos: Marcus E. Levski
Covergestaltung: Simone Ivo
Druck: WIRmachenDRUCK GmbH, D-71522 Backnang

ISBN 978-3-95652-293-2

... Was uns Geheimbünde Jahrzehnte verschwiegen haben.

... Die Besonderheit des Reinbergs bei Wels.

... Der heilige Birnbaum in der Welser und Walser Heide.

Inhaltsverzeichnis

Danksagung

Prof. Dr. Claras Petrizut, der wieder einmal eifrig bei meinen Forschungen dabei war.

Dr. phil. Peter Kneissl und Valentinus, die mir einige Texte zur Verfügung gestellt haben.

Mag. Michael Lanzinger, der mich während der Corona-Krise dazu inspirierte, einer besonderen Geschichte nachzugehen. Ohne ihn wäre dieses Buchprojekt wohl niemals entstanden.

Mag. Gabriele Lukacs, die mir ebenso bei einigen Recherchen zur Seite stand.

Bernhard Stegh, der mir schlussendlich bei einem Gespräch über JG Marchtrenk den letzten Anstoß zu diesem Buchprojekt gegeben hat.

Mario Rank, der mir einen wertvollen Hinweis in eine bestimmte Richtung gegeben hat.

Der alte Förster (dessen Name nicht genannt werden soll), der uns wertvolle Einblicke in sein Leben und die gruseligen Geschichten gegeben hat.

Cordelius Friedhuber, der mir wertvolle Buchtipps zu diesem Projekt in seiner Buchhandlung gegeben hat.

Herbert H., der uns besondere Hinweise zur Herz-Jesu-Kapelle gegeben hat.

Der Rosenkreuzer, der uns die Wahrheit hinter dem Spiegelmysterium offenbart hat und dessen Namen nicht genannt werden soll.

Jochen und Sandra, die einen sehr wertvollen Beitrag zur Aufdeckung einiger Spiegelmysterien am Untersberg geleistet haben.

Weitere Quellen, die zum eigenen Schutz nicht genannt werden wollen.

△

Warum dieses Buch?

In den letzten Jahren haben wir bereits einige mystische Orte besuchen und viele unglaubliche Entdeckungen machen dürfen.

Vom mystischen Untersberg bis in die Schweiz und nach Turin. Dann in die Tschechei zum Schloss Houska und seinen unglaublichen Geschichten bis zum Dreisesselberg am Dreiländereck, wo wir Klang- und Frequenzsteine gefunden haben.

Immer auf den Spuren unglaubliche Dinge, auf der Suche nach dem Ursprung von Sagen, Mythen und Legenden. Dabei gelangten wir bis in die dunkelsten Ecken von manch okkultistischen Kreisen und Geheimbünden und fanden Lücken in der offiziellen Geschichtsschreibung.

Die Mysterien der Menschheitsgeschichte, grenzwissenschaftliche Themengebiete und geomantische Zusammenhänge an den verschiedensten Kraftplätzen weltweit waren und sind auch heute noch unser/mein Projekt.

Ich weiß es noch ganz genau. Es war der 30. Mai 2019 um 23:34 Uhr – an Christi Himmelfahrt.

Professor Claras, ein Physiker und Freimaurer und außerdem mein langjähriger Freund und Forscherkollege, und ich stolperten über die drei aus Blech geprägten Stufen aus dem Bus, als wir die betrunkenen Männer auf den Parkbänken liegen sahen.

Eingehüllt waren diese in alte und dreckige Klamotten, was bei Claras und mir ein Gefühl tiefen Mitleids ausgelöst hatte. Noch in Gedanken mit diesen verlorenen Seelen beschäftigt, folgten wir dem Weg neben der asphaltieren Straße und erkannten bald den Treffpunkt, den wir mit unserem Kontaktmann vereinbart hatten.

Trotz der Dunkelheit erkannte uns der geheimnisvolle Kontaktmann, mit dem Claras vor genau drei Tagen über verschiedene mysteriöse Geschichten in Wels ein Telefonat geführt hatte. Dabei hatten sich die beiden vor allem über eine Geistergeschichte aus Marchtrenk unterhalten. Nach einer etwas harschen Begrüßung gingen wir zu dritt in Richtung des Flusses Traun.

Der ältere Herr war tatsächlich etwas absonderlich, wie Claras und ich feststellen mussten. Claras hatte mir bereits von seinem ersten Kontakt mit diesem älteren Herrn, der übrigens ein pensionierter Förster war, berichtet. Und seine Ausführungen konnte ich nun nachempfinden.

Claras hatte mir von den ungewöhnlichen Eindrücken erzählt, die der alte Förster sogar von sich selbst hatte. Er hatte Stimmen im Kopf, die geprägt waren von Wut und Zorn, aber auch von blanker Abscheu und einer gewissen Hysterie sowie schrecklichen Bildern, die er sich nicht erklären konnte.

Dieser alte Herr war auch allgemein bekannt für seine eher unübliche Art und Weise mit Menschen umzugehen. Ebenso erwähnte Claras mir gegenüber, dass die Leute diesen alten Mann meist gemieden hatten wegen seiner seltsamen Art.

Der Pensionist sollte anscheinend immer wirres Zeug reden und dabei einen verwesenden Gestank gepaart mit Biergeruch ausströmen. Ja, selbst sein Anblick war eine haarsträubende Sache, die das Gefühl gegenüber diesem alten Menschen nicht besser machen sollte.

Mit diesen Beschreibungen und Erzählungen von Claras über den alten Mann in meinem Kopf, zusammen mit meinen eigenen Gedanken und Eindrücken über ihn, schlenderten wir nun eine dunkle asphaltierte Gasse entlang. Mittlerweile standen mir Schweißperlen auf der Stirn, doch mir war nicht ganz klar, ob das an den Berichten von Claras lag oder an meinen eigenen düsteren Gedanken im Zusammenhang mit diesen gespenstischen Kontaktmann.

Die Dunkelheit legte sich über das letzte Licht des einfallenden Mondes und in den stehenden Pfützen war kein reflektierendes Licht mehr zu erkennen. Die nächtlichen Wolken hatten sich über die Stadt gelegt und ein diffuser Nebel glitt zwischen den schmalen, dunklen Gassen in die Quergasse, wo wir unterwegs waren. Ab und an hörten wir alte eiserne Fensterläden, die sich quietschend verschlossen und ein Echo hinterließen, bei dem sich mir die Nackenhaare aufstellten.

Unser Kontaktmann ging gemächlich weiter und wir hofften, dass er bald an seinem Ziel angekommen wäre. Doch die Gassen wurden immer dunkler und enger. Dank Claras negativen Vorberichten und meiner eigenen Gedanken zu diesem gruseligen alten Mann wurde ich langsam beinahe hysterisch. Doch ich konnte das Gefühl erfolgreich unterdrücken. Und zum Glück schien er auch endlich am Ziel angekommen zu sein.

Der alte Mann setzte sich auf eine Parkbank neben der Straße und starrte in den Fluss der Stadt Wels. Nachdem wir uns zu ihm auf die Bank gesetzt hatten, stammelte er völlig verworrene Geschichten zu dem Thema hervor, das uns so brennend interessierte.

„Manchmal erkennt man es, wenn die Zeit vorbei zu sein scheint, genau um Mitternacht. Das dunkle Schiff, das lautlos in den hohen Wellen hinabgleitet, wo die Fische springen. Doch hat man dieses erkannt, so finden Menschen den Tod im stillen Wasser der Traun. Und wehe man rufet das Schiff und seine rastlose Seelen. Gnädig sei uns Gott, der Allmächtige! Denn es trägt Gefahr und Tod in sich, meine Freunde.“

Der ältere Herr blickte auf seine zerkratze Armbanduhr und nahm dann einen Schluck aus seinem Flachmann, den er aus der Jackettasche hervorgekramt hatte. Bei einem schnellen Blick auf unsere eigenen Uhren erkannten wir, dass es mittlerweile Mitternacht war. Scheinbar hatte er beabsichtigt, dass wir genau zu dieser Zeit hier am Ufer der Traun saßen. Er nippte einen weiteren hastigen Schluck und neigte seinen Kopf lauschend zur Seite.

„Um Mitternacht hört man oft diese leisen, verzerrten und wehmütigen Stimmen. Sie klagen und weinen, denn sie sind es, die am Ufer erbärmlich ertranken und auf alle Ewigkeiten dazu verdammt sind, auf diesem dunklen Schiff über die Traun zu reiten. Doch sollte der Tag kommen, an dem sie nach einer Verbindung der beiden Ufer erlöst werden, meine Freunde …"

Es war uns nicht entgangen, dass dieser alte Mann wohl eben von seinem persönlichen Schmerz berichtet hatte. Eine Träne fiel ihm von der Wange und man merkte ihm an, dass diese Geschichte mehr als nur eine Sage war – zumindest für diesen alten Herrn. Nun, es war Mitternacht, Geisterstimmen konnten wir keine vernehmen und auch kein dunkles Schiff erkennen.

„ … Mein Vater ging gerne mit seiner Rute auf und ab und suchte. Meist am Hügel bei Thalheim. Bald findet er seine Ruhe, wenn die Seelen erlöst werden, die Nacht für Nacht über die Traun gleiten. Ich war erst 16, als er in diesem verdammten Fluss ertrank. So sagte auch er immer, dass der Schlüssel der Ufer bald gefunden wird. Ein Schlüssel, der im verborgenden Hügel von zwei Ufern liegen soll."

Er überreichte uns ein altes dünnes Notizbuch und einen Stein mit mysteriösen Inschriften darauf. Nach einer kurzen Erklärung, dass ihm sein Vater um das Jahr 1961 diesen Stein samt Buch gegeben hatte, und dass dieser Stein auch der Grund für seine Leidenschaft des Rutengehens war, verschwand er in der Dunkelheit der Stadt und ließ uns verblüfft auf der Bank zurück.

Dieses Gespräch mit einem alten, von Trauer und Schnaps durchtränkten, pensionierten Förster waren nun für mich und meinen Kollegen Prof. Claras die entscheidende Antwort auf die eine Frage, die ich mir seit Jahren gestellt hatte: *„Könnte in dieser Stadt Wels und ihrer Umgebung mehr als nur die historischen Belege für Römer und Kriegszeiten vorzufinden sein? Wenn ja, dann würde meine Heimatstadt Wels doch eine besondere Qualität hervorbringen."*

Wie aus meinen letzten Büchern und Arbeiten bekannt ist, machten Prof. Claras und ich uns folglich auf Spurensuche zur „Energiequalität von Wels“. Und zwar mit teilweise verblüffenden Ergebnissen, die uns zum nächsten interessanten Thema brachten.

Das Ergebnis unserer umfangreichen historischen, landschaftsmythologischen und geomantischen Forschungen zusammen mit der gespiegelten Sagenwelt aus der Umgebung von Wels und dem Untersberg können nun in diesem Buchprojekt nachempfunden und nachgelesen werden.

Abb. 1: Der gravierte Stein vom Förster

△

Anmerkungen des Autors

Dieses Buch stellt eine künstlerische Synthese zwischen geomantischen, historischen und landschaftsmythologischen Forschungsergebnissen sowie einzelnen Erzählungen bzw. Erklärungen von Einheimischen und Teilen meiner Romane und Sachbücher sowie deren Weiterführung dar.

Historische Tatsachen und fiktive Charaktere wurden ebenso in dieses Essay miteingebunden. Es ist natürlich dem Leser überlassen, was er für Realität und wissenschaftlich nachweisbar, geomantisch oder radiästhetisch anerkannt und was er für Fiktion hält.

Dieses Buch befasst sich mit mysteriösen Ereignissen, geomantischen Auswertungen und deren Zusammenhängen mit dem Reinberg, Wels und den Nachbargemeinden sowie der Sagenwelt rund um das Walserfeld bei Salzburg und dessen Zusammenhängen.

Es handelt sich um ein Werk mit authentischen Ereignissen und realen Orten, mit eigenen Messergebnissen der Radiästhesie und Geomantie. Inspiriert durch eine Geschichte des alten Försters wurden hierzu radiästhetische und geomantische *Mutungen** sowie einzelne Sagen, Mythen, Legenden und Erzählungen ineinander verwoben und geben dadurch einen weiteren Einblick in die Geschichte der Stadt Wels und ihrer Umgebung.

*(*Das Wort „Mutung“ bezeichnet normalerweise im Bergbau den Antrag auf eine Bergbaugenehmigung. In der Radiästhesie verwendet man das Wort „muten“ im Sinne von „vermuten“, also anstelle des Wortes „messen“ oder „vermessen“. So auch in diesem Buch.)*

Hinweise auf die genannten Orte sowie andere Schauplätze, einschließlich ihrer genauen Lage, beruhen auf Tatsachen. Man kann diese auch besichtigen.

Der Besuch der beschriebenen Plätze sowie die Nutzung des bereitgestellten Kartenmaterials sind nur mit Bergerfahrung und Schwindelfreiheit anzuraten!

Diese Erzählung basiert auf tatsächlichen Erlebnissen sowie auf Recherchen rund um Phänomene, Erzählungen von Einheimischen und Fakten hierzu.

△

Einleitende Begriffsbestimmung

Zu Beginn möchte ich sagen, dass in den einzelnen Kapiteln die Bezüge zwischen bestimmten Orten und ihrer geografischen Lage schon immer vorhanden waren.

Die geomantischen Auswertungen und Ergebnisse stellen lediglich ein Sichtbarmachen dieser einzelnen Bezüge der verschiedenen Orte dar und erzählen in der vorliegenden Romanform ergänzende Zusammenhänge dieser Ergebnisse.

In den einzelnen Kapiteln betrachten wir die geografischen Verbindungen zu markanten Punkten der näheren und weiteren Umgebung von Thalheim, der Welser Heide und Salzburg. Aus den Himmelsrichtungen können bestimmte Winkel und damit Zahlenbezüge dieser Orte abgeleitet und durch geomantische Ergebnisse sowie historische Hintergründe noch besser und ganzheitlicher dargestellt werden.

Einzelnen Sagen, Mythen und Legenden, die ursprünglich mündlich überlieferte Geschichten sind, liegt immer ein wahrer Kern zugrunde. Einige Berichte von Einheimischen, die auch im Buch aufgeführt werden, können daher als ergänzende Schlussfolgerungen zu diverse Themen dieses Buches gewertet werden.

Einige energetische Phänomene lassen sich nach bestimmten geomantischen Kriterien vergleichen, ihre Qualitäten benennen und beschreiben. Hierzu gibt es verschiedene Messeinheiten, die sich wie folgt beschreiben lassen:

Geomantie

Man sollte im Zusammenhang mit dem Begriff Geomantie bedenken, dass die Natur gezielt alles so erschaffen hat, wie wir es kennen. Lassen Sie mich diesen Ansatz kurz erklären: Es sind die Weissagung der Erde sowie die Lehre der Geomantie, die so eine Aussage stützen. Sehen Sie es als ein Meridiansystem des lebenden Organismus Mutter

Erde. Ein System, das ebenfalls Akupunkturpunkte und vieles mehr aufzuweisen hat.

In Anbetracht der Tatsache, dass die Kelten oder auch eine andere Kultur solche Plätze genutzt haben könnten, finden wir des Weiteren den Hinweis, dass solche Plätze bewusst oder auch unbewusst auf einem solchen Zentrum der Kraft erbaut und genutzt wurden.

„Die Natur ist die tiefste Quelle des Wissens: der menschliche Körper als Abbild der kosmischen Gesetze ist eine heilige geometrische Form mit höchstem Informationsgehalt.“ (Leonardo da Vinci)

Die Geomantie und die Beschreibung solcher Vitalzentren wird grundsätzlich in der „Gaia-Hypothese“ von James Lovelock näher erläutert. Danach werden die Vitalzentren der Ebenen bestimmten Ätherkräften zugeordnet, die außerdem wie ein physischer Körper oder dessen einzelne Organe beschrieben und erklärt werden:

- Herzzentrum
- Atmungszentren
- etc.

Der Begriff der Geomantie stammt aus dem Griechischen und setzt sich aus den zwei Wörtern „Geo“ und „Mantie“ zusammen, wobei „geo“ Erde und „manteia“ Vorausschau bedeutet, wodurch dieser Terminus mit „Weissagung aus der Erde“ übersetzt werden kann. (1)

Die Lehre befasst sich unter anderem mit der Frage *„...wie Menschen der Erde begegnen und wie ihre ‚persönliche Einstellung‘ zu ihr ist“* (2)

Zusammengefasst liegt das Anliegen der Geomantie nun darin, *„...menschliche Handlungen im Allgemeinen und bauliche Maßnahmen im Besonderen mit den sichtbaren und unsichtbaren Dimensionen in Einklang zu bringen“* (3)

Radiästhesie

Der Begriff der Radiästhesie ist eine Wortkombination aus dem Lateinisch-Griechischen. Im Prinzip eine „geomantische“ Technik, bei der anhand verschiedener Werkzeuge wie Pendel oder Wünschelrute unsichtbare Energiephänomene aufgespürt werden können. Das eigentliche Werkzeug bei diesen Methoden ist der Mensch, wobei die Rute oder das Pendel lediglich als Verstärkungs- oder Anzeigeinstrument bzw. als Filterinstrument dient. (4)

Bovis-Einheiten

Die Kennzahl der Schwingungszahl „Bovis" wird allgemein von Geomanten und Radiästheten als Referenz für die Bestimmung der herrschenden Lebensenergie genutzt. Wobei die Bovis-Zahl keine eigenständige Energie bedeutet sondern lediglich eine Bewertung ermöglicht.

Die Skala wurde ursprünglich als Bewertung von Weinstöcken im Frühling mit Aussicht auf den Ertrag verwendet. Der französische Radiästhet „André Bovis" führte die Skala in der Geomantie ein. Heute können sich Radiästheten untereinander daran orientieren und austauschen, und die Skala zumindest weitgehend als Vergleichswert heranziehen.

Die Skala:

0-2.500	*stark abziehend, krankmachend*
5.000	*Energie vom Menschen abziehend*
5.000-8.000	*Energie neutral , die Lebensfrequenz des gesunden Menschen*
8.000-11.000	*Energie aufbauend*
11.000-15.000	*Energie heilend*
15.000-25.000	*Energie sakral*
25.000 >	*Energie wandelnd, kreativ, am Weg zum Göttlichen, universell, geistige Heilung* (32)

Herz-/Vitalpunkt

Der Herz- oder auch Vitalpunkt ist von großer Bedeutung für den Platz. Er repräsentiert die emotionale Seite des Ortes in Verbindung mit den dort lebenden Menschen.

Der Punkt kann dazu genutzt werden, zu manifestieren, wie sich die emotionale Kraft zeigen soll. Dieser Punkt ist zumeist sehr stark und hat die Aufgabe, in unserer sehr verstandesmäßig geprägten Welt einen gewissen Ausgleich zu schaffen.

Einstrahlungen

Energetische Felder, die sich, zumeist von einem oder mehreren Punkten ausgehend, in geradliniger Folge wie ein unsichtbarer Strahl über eine Landschaft bewegen.

Sie sind in Breite und Höhe, ihrer Stärke und Intensität sowie Qualität genau auszumachen. Sie kommen in jeder Größenordnung vor, werden aber erst mit Größen über einem Meter Breite als „einwirkend" wahrgenommen. All diese Phänomene sind überregional zu sehen und auf entsprechenden Plänen eingetragen.

Leylines

Den Begriff „Leylines" (Leylinien) haben wir dem britischen Hobby-Archäologen Alfred Watkins zu verdanken. Dieser hatte es mit langjährigen Studien geschafft, dass sich die Menschen wieder vermehrt mit der Geomantie beschäftigen.

Er stellte im Prinzip mithilfe der Geomantie eine gewisse Regelmäßigkeit der Landschaftsstrukturierungen seiner Heimat England fest. Diese Strukturierungen nannte er „Leys". Auch heute ist der Ausdruck „Leylines" noch weitläufig gebräuchlich.

Man beschreibt diese Leylines als quer durch die Landschaft verlaufende, meist gerade Linien, die durch eine Reihe von Kultplätzen, heiligen Stätten oder besonderen Punkten gekennzeichnet sind oder auch durch diese hindurchgehen.

In der Vergangenheit gab es betreffend den sogenannten Leylines die verschiedensten, nicht-wissenschaftlichen Erklärungsversuche. Alfred Watkins vermutete u. a. alte Handelspfade, „Old Straight Tracks“ mit kürzester Sichtverbindung. Die Linien sollten auf ein prähistorisches System der Landesvermessung auf astronomischen und religiösen Grundlagen zurückgehen.

Geomantische Ideen basieren auf angeblichen Kraftfeldern oder Erdstrahlungen; sie beinhalten häufig Wasseradern und „Energielinien“ analog zu den „Meridianen“ der Akupunktur. Im Jahre 1969 brachte der Schriftsteller John Michell Leylines mit spirituellen und mystischen Theorien in Verbindung und revitalisierte schlussendlich diese Thematik. (34) (35) (35a)

Kraftplatz

In den sechziger Jahren kamen Vertreter amerikanischer Ureinwohner (Lakota) nach Europa, um Unterstützung für ihren Kampf für das Überleben ihrer Kultur zu gewinnen. Diese Delegation betonte hierbei immer wieder den hohen Stellenwert von Kraftplätzen („places of power“) in ihrer Kultur, da diese Orte der Pflege der Beziehung zur Natur oder Kultplätze für wichtige Riten darstellten. (5)

Die Lakota erkannten einst, dass es im Alpenraum zahlreiche kraftvolle Orte mit hoher Intensität gab, was den meisten Menschen in Europa damals noch nicht bewusst war (6)

Im deutschsprachigen Raum tauchte der Begriff „Orte der Kraft“ erstmals in dem Buch *„Reise nach Ixtlan – Die Lehre des Don Juan“* von Carlos Castañeda, aus dem Jahr 1976, auf. Die schnelle und starke Verbreitung dieses Terminus ist jedoch auf einen sehr erfolgreichen Fernsehfilm des Bayerischen Rundfunks aus dem Jahr 1980 mit dem Titel „Orte der Kraft“ zurückzuführen. (7)

Der Buchautor Purner J. unterscheidet zwischen Kraftorten im weiteren und allgemeinen, sowie im engeren und eigentlichen Sinn. Unter Ersterem versteht er „... Orte, die eine besondere ‚Ausstrahlung‘ aufweisen, mit der bestimmte Wirkungen in Zusammenhang gebracht werden. Diese können ‚positiv' oder ‚negativ' sein und sich auf physische, emotionale und mentale Weise äußern." (8)

Orte der Kraft im engeren Sinn hingegen sind Stätten, „... die für den Menschen eine ‚positive', heilsame ‚Ausstrahlung' haben." (9)

△

Geomantische Analyse am Reinberg

Im Sommer 2020 forschte ich an einem besonderen Platz in meiner Heimatstadt: dem Reinberg – einer länglichen, mit Bäumen bewachsenen Erhebung des Höhenzuges am Traunufer bei der Stadt Wels in Thalheim, mit einer wahrlichen langen und auch faszinierenden Geschichte. Der Reinberg selbst befindet sich im südlichen Teil von Wels über der Traun.

Die Stadt Wels kann auf eine römische Gründung zurückgeführt werden, die im Jahre 50. n. Chr. als „Ovilava" bekannt war. (33) Mit ca. 80 m Höhe, offenbart sich uns diese einzigartige Erhebung vor Wels, von Schloss Aigenegg bis nach Aschet in die ehemalige Ziegelei Würzburger, die heute als ein sogenannter „Lost Place" oder „Verlassener Ort" bekannt ist.

Man sagt, dass die Namensgebung dieser Erhöhung mit deren geologischem Aufbau in Zusammenhang steht. Demnach sollte „Rein" nichts anderes als rin bzw. rinnen bedeuten. Tatsächlich finden wir am Reinberg einige Quellen, die ebenso in verschiedenen Legenden Einzug fanden. So erzählt man sich beispielsweise von den Reinbergquellen, die heilende Wirkungen haben sollten. Bereits vor 1700 Jahren wurden diese heiligen Quellen bei den Römern als Trinkwasser genutzt. (13)

Randnotiz: In früheren Zeiten schrieb man besonders sprudelnden Quellen Heilkraft zu, so auch dem Bründl in der 14-Nothelfer-Kapelle und der Quelle im Gasthaus „Zum Goldenen Brunnen" in der Aigenstrasse 19 oder der „Herzogbrunnen" in der Aigenstrasse 5a.

Ebenso sollte erwähnt werden, dass der Ortsteil Thalheim inklusive dem Reinberg einst zum keltischen Königreich Noricum gehörte. Noricum war ein keltisches Königreich unter der Führung eines Keltenstammes im Gebiet des heutigen Österreich.

Interessant ist, dass auch der Name der Stadt Wels bei etymologischer Herleitung einen Keltischen Bezug darstellt. In den keltischen Entsprechungen sprechen wir hier von der Ableitung Vilesos, das sich aus dem Namen Ovilava ableitet. Doch was bedeutet das keltische Wort Vilesos? Bei unseren Nachforschungen haben wir herausgefunden, dass es nichts anderes als „die Anderswelt“, „das Apfelland“ oder „Priester- bzw. Seherland“ bedeutet. (33)

Man sollte in diesem Zusammenhang bedenken, dass in der keltischen Kultur der Apfel als ein Symbol der Weisheit und des Wissens galt. Dem Apfel wurde ebenso die Kraft zugeschrieben, ewige Jugend zu verleihen und den Tod zu überwinden, weshalb man auch „Anderswelt“ hierzu sagen kann.

Ebenso ist solch ein Apfelland dem keltischen Avalon und biblischen Paradies gleichzusetzen. Avalon oder auch Avalun ist demnach ein mythischer Ort, der unter anderem aus den Sagengeschichten rund um König Arthur (Artus) bekannt ist. (36)

Aus der Artussage wurde später die Gralsgeschichte, wo Avalon der Aufenthaltsort von König Arthur (Artus) sein sollte.

Neben dem keltischen Ursprung, sollte man die Namensgebung „Reinberg“ ergänzend mit den Forschungen von Ingrid Resch Rauter betrachten. Laut den beschriebenen Ortsindexnamen unseres keltischen Erbes kann hier gesagt werden, dass der Name „Rein…“ einst als Bedeutung einer Grenze, einem Grenzhügel oder einer Schlucht gleichkam. (10) Laut dem keltischen Ortsnamenindex haben wir es folglich mit dem Namen Rainos(berg) zu tun.

Bei den geomantischen Randuntersuchungen von Wels stellten wir unter Berücksichtigung der Ergebnisse aus Thalheim und dem Reinberg fest, dass die beschriebene Anderswelt „Wels“ ihr sogenanntes Herzzentrum in Thalheim innehat.

Dieses vitalenergetische Zentrum mit der Aufgabe, die Stadt Wels mit „Vitalkräften“ zu versorgen, liegt am Fuße des Reinbergs zwischen Oberaschet und der Traun. Einen Zusammenhang mit den einzelnen

Anderweltpunkten in Thalheim und geomantischen Kreuzungslinien finden wir ebenfalls in diesem Vitalzentrum von Wels.

Hier sprechen wir von römischen Gräberfeldern, die sich in der Nähe der Bahnstrecke nach Sattlet befunden haben sowie einzelnen Kraftpunkten, die in den weiteren Unterkapiteln des Reinbergs behandelt, geomantisch beschrieben und samt deren Mutergebnissen vorgestellt werden.

Weitere wichtige archäologische Funde am Fuße des Reinbergs zeugen von dem zentralen Thema der römischen und keltischen Geschichte von Thalheim und Wels.

Die heiligen und heilenden Quellen stellten bereits zur Zeit der Kelten einen Mittelpunkt ihres Lebens dar. Bei unseren Recherchen sind wir jedoch darauf gekommen, dass im Jahre 1944/45 leider einige Quellen am Reinberg verschwanden.

Grund für diesen Rückgang an Quellen waren unter anderem Stollengrabungen für Luftschutzzwecke im Zweiten Weltkrieg. Bis auf zwei Anlagen sind mittlerweile alle Stollen entweder verschlossen, vermauert oder nach wenigen Metern verstürzt.

Im Stadtarchiv der Stadt Wels gibt es dennoch einen alten Lageplan aller Stollen. In dieser Übersicht sind auch die jeweiligen Eigentümer bzw. Benutzer der einzelnen Stollen angeführt.

Das waren lt. Plan: (11)

- 1 Stollen Firma Würzburger
- 2 Stollen Firma Richter-Fritsch
- 3 Stollen Firma Rotax
- 1 Stollen Privatstollen (Schweiger?)
- 1 Stollen Privatstollen Brandner
- 3 Stollen Firma Triumph
- 2 Stollen Firma Gerstl

- 2 Stollen Stadt Wels
- 1 Stollen Technische Nothilfe
- 1 Stollen Kellerstollen Gasthaus Marienwarte

Am Wanderweg, der der Straße bis nach oben folgt, fanden wir an zwei besonders markanten und nicht zu übersehenden Plätzen – dem sogenannten Aussichtspunkt „Salettl“ und der Marienwarte. Zwei markante Stellen, die wohl jeder Welser kennen und einmal besucht haben sollte.

Claras und ich untersuchten beide Orte. Wir sprachen damals noch lange abends an diesem Aussichtsplatz über die verrückten Geschichten des alten Försters im Zusammenhang mit meiner Heimatstadt Wels.

Der Zusammenhang zwischen der keltischen Mythologie und dem „Hausberg/Hügel von Wels“ war für uns nicht ungewöhnlich. Denn, wie wir bereits aus den letzten Jahren der Forschung wussten, gab es nun einmal Dinge, die auf den ersten Blick nicht sofort erklärbar sind, aber dennoch, weitergeführt und weitergedacht, einen Sinn ergeben konnten.

Am Beispiel der andauernden Forschungen zum Mysterium des Untersbergs waren wir uns beide bald einig: Auch der Reinberg musste mit diesen unerklärbaren Ausführungen des Försters zusammenhängen. Auch wenn diese oft von Schnaps oder einem Fläschchen Bier durchtränkt waren.

Also stöberten wir weiter in dieser mysteriösen Sache. So begannen unsere Forschungen am Ausblick und Kraftpunkt über der Stadt Wels – dem Reinberg. Die ersten Forschungen offenbarten uns neben den keltischen Bedeutungen des Reinberges (die noch genauer erklärt werden) noch viele weitere besondere Entdeckungen.

Hier fanden wir im Gespräch mit dem merkwürdigen Förster eine alte Legende, die im Zusammenhang mit der Nachbarstadt Marchtrenk steht. Bevor wir mehr über den Reinberg erklären, möchte ich vorerst diese Geschichte erzählen.

Abb. 2: Stollen im Reinberg

Die Schwarze Stadt Marchtrenk

Einst als ein blühendes Feld bekannt und heute als die Heide – Marchtrenk, eine Stadt der Welser Heide. Es waren sonderbare und traurige Zeiten, die unsere Geschichte geschrieben haben. Eine Zeit, in der wohl viele Zeitzeugen von grausamen und schrecklichen Dingen berichten könnten. Doch gibt es hinter diesen Geschichten auch eine mystische und geheimnisvolle, die ebenfalls erzählt werden will.

Marchtrenk war ein Ort, der um das 12. Jahrhundert zum Herzogtum Bayern gehörte. Mit seiner im Jahre 1205 erstmaligen urkundlichen Erwähnung hatte es diese Ortschaft wohl mit der Zeit geschafft, dass sie in das Fürstentum Österreich ob der Enns und danach ins Austria Superior „Oberösterreich“ eingegliedert wurde.

Der Ort hatte vor der Eingliederung zu Austria Superior einige Kriege hinter sich gebracht. (40) So weiß man um die Bauernkriege, den Napoleonischen Kriegen und einem k. u. k Kriegsgefangenenlager aus dem Jahre 1915 in Marchtrenk. Das in drei Teile gegliederte Lager wuchs besonders rasch zu einer Stadt heran. Im Jahre 1915 waren ca. 35.000 Kriegsgefangene in dieser mit einem schwarzen Pappdach bedeckten Barackenstadt interniert. Diese schwarzen Pappdächer gaben ihr auch den Namen „Die Schwarze Stadt“ (12)

Historisch ist ebenso belegt, dass nach und nach immer mehr Berichte erschienen sind, in denen die Bevölkerung der Schwarzen Stadt von der Belastung durch die Kriegsgefangenen berichtete. Diese Berichte und das Jahr 1918 waren unter anderem verantwortlich für Flucht, Desertation, Schleichhandel, Einbrüche und Diebstähle der Offiziere und ebenso der Gefangenen. Schließlich wollten auch diese nur „überleben“. So war es nun geschehen um diese „Schwarze Stadt“ – die Geschichte lehrt die restlichen Jahre ...

Doch bleiben wir bei diesen Worten des „Überlebens und des Flüchtens“. Im Jahre 1918 ist eine sechsköpfige Offizierswache in Marchtrenk verschwunden. Den Berichten zufolge, sollten sich diese als österreichische Soldaten verkleidet haben und aus dem Lager geflohen sein. Man sah sie nie wieder. Doch dies ist nur die offizielle Berichterstattung!

Der alte Förster erzählte Claras von einer sonderbaren Geschichte, die er aus seinem Elternhaus gehört hatte – von seinem Vater, dem Rutengeher.

Dieser erzählte von sechs Soldaten aus der Schwarzen Stadt, die in Richtung Reinberg bei Wels unterwegs waren. Ihr Plan lautete, aus dem Gebiet zu fliehen, andere Deserteure zu treffen und einen Plan für ihre Flucht zu schmieden. Am Weg zum Reinberg wurden die sechs Männer jedoch erschossen.

Einer alten Legende nach sollen sich die sechs Soldaten jedes Jahr zur selben Zeit auf den Weg zum Reinberg nach Wels machen. Es ist ihr sehnlichster Wunsch, sich endlich Erlösung zu verschaffen, in dem sie den Berg erreichen und so in die Freiheit gelangen.

Doch die Erzählung besagt, dass sie allesamt erschossen wurden und deshalb zu abendlicher Stunde als ruhelose Seelen in der Nähe der Hubertuskapelle bei Marchtrenk herumgeistern.

So sollen angeblich Menschen davon berichtet haben, dass es dort nicht mit rechten Dingen zugeht, wenn zu abendlicher Stunde dieser Platz aufgesucht wird.

Ebenso werden solche Geistergeschichten mit zahlreichen Einzelfunden aus der jüngeren Steinzeit in Wels sowie der ganzen Umgebung bis Marchtrenk gestärkt. Beispielsweise hat man entlang der heutigen Traun einige mysteriöse Funde aus der Jungsteinzeit entdeckt.

Auch wenn dies nur eine kleine Geistergeschichte ist, so erkennen wir hier einen Zusammenhang zwischen Marchtrenk und Wels bzw. dem Reinberg in einer bisher unveröffentlichten Sage.

Thalheim bei Wels und seine Kirchen

Claras und ich hatten unsere Forschungen am Kraftplatz „Thalheim" begonnen. An den Grundstückspreisen dieser Ortschaft war zu erkennen, dass es sich um einen sogenannten Ort mit „besonderen Wert" handelt.

Wegen des Reinbergs richteten wir unser Augenmerk insbesondere auf den Ortsteil Thalheim mit seinen Kirchen. Wir sprechen hier von früheren Kultplätzen und Heiligtümern, die sich am Fuße des Reinbergs befinden.

Thalheim selbst wurde zur Gründung des Stiftes Kremsmünster im Jahre 777 n. Chr. noch nicht namentlich genannt. Aber bereits im Jahre 927 n. Chr. finden wir den Namen „Talham" in den ersten Aufzeichnungen zu diesem Ort. (13)

Claras war sich nach dem ersten Besuch des Reinbergs sicher, dass dieser Hügel oder Ort ein Kraftplatz sein muss. Aufzeichnungen gab es hierzu jedoch keine, die dies rechtfertigen würden. Doch diese umliegenden Kirchen des Reinbergs bis in Stadt Wels hinein, ergeben einen wichtigen Hinweis in der geomantischen Auswertung und der neuen Bezeichnung „Kraftplatz Reinberg“.

Wie bereits in meinen vorangegangen Büchern beschrieben, kann auch hier davon gesprochen werden, dass die Gegend rund um Thalheim und den Reinberg „christianisiert“ wurde. Alte heidnische Kultorte und Kraftpunkte wurden somit von der Kirche überbaut bzw. teils der Bevölkerung verschlossen. Diese einzelnen Kirchen und christianisierten Punkte wurden von Claras und mir geomantisch untersucht und sollen nun aufgezählt werden.

Die Ägidiuskirche in Thalheim

Am Fuße des Reinberges liegt die auf einem kleinen Hügel erbaute Ägidiuskirche. Das alte Kirchlein am Reinberghang wurde zu Ehren des Hl. Ägidius vom Bischof Diepoldus von Passau am 11. April 1189 geweiht. Der gotische Bau stammt aus dem 14. Jahrhundert. Blickt man in die Kirche, so erkennen wir die erhalten gebliebene Kanzel und die schöne Statuen der Hll. Lambert, Isidor und Rochus wie den Hl. Sebastian. Die Kirche selber ist dem Hl. Ägidius, einem der 14 Nothelfer geweiht. (14)

Ein besonderes Merkmal dieser Kirche hatte Claras an der Südwand entdeckt. Hier segnet der Hl. Christophorus die Reisenden. In dieser Darstellung auf einem alten Römerstein mit einer Jünglingsfigur fand Claras das Bildnis, das im Jahre 1960 bei Restaurierungsarbeiten der Kirche entdeckt wurde.

Abb. 3: Die Kirche St. Ägyd in Thalheim

Ägidikirchen allgemein

Um solche Ägidikirchen zu beschreiben, begeben wir uns vorab in die sogenannte Ägidikirche am Hohenstein in Engerwitzdorf. Diese in Privatbesitz befindliche Kirche aus dem Jahre 565 steht auf einem alten Kultplatz, dem sogenannten Hohenstein.

Faszinierende Funde aus dem Mittelalter und neue Erkenntnisse belegen und untermauern, dass in dieser gesamten Region eine 50.000 Jahre alte Siedlung aus der Steinzeit ihre Spuren hinterlassen hat.

Doch neben diese Funden und historischen Fakten, haben wir es auch mit uralten Sagen, Mythen und Legenden zu tun. Eine ganz besondere widmet sich dem Heiligen Ägidi. Dieser versteckte Ort, der zur damaligen Zeit als Kult-, Opfer- und Andachtsort gedient hat, offenbart bei einem Besuch auch seine mächtige Ausstrahlung.

Ein wahrlich seltsamer Ort, an dem selbst die einheimischen Jäger ihre Feldmessen am sogenannten „Jägerstein" seit dem Jahre 1955 abhalten. Man ist sich unter den Forschern und Historikern bis heute nicht einig, wann dieser Burgstall am Hohenstein erbaut wurde. Lediglich in einem Dokument aus dem Jahre 1342 wird diese Gegend erstmalig erwähnt. (16)

Die Legende von Ägidi und dem Hirsch

Die Kirche an diesem energiegeladenen Felsen und mit seiner seltsamen Beschaffenheit ist dem Heiligen Ägidi, dem im Mittelalter populärsten Heiligen Europas, geweiht.

Der Legende nach hatte ein wohlhabender Kaufmann all seinen Besitz den Armen verschenkt. Nach dieser guten Tat begab sich dieser in ein Boot und gab sich gänzlich dem Element Wasser hin. Später wurde er an Land getrieben, wo er im Sumpf als Einsiedler lebte und sich von der Milch einer Hirschkuh ernährte.

Doch lauerte Gefahr! In dieser Gegend war der Westgotenkönig Wamba auf der Jagd und wollte diese eine Hirschkuh erlegen. Eines Tages erblickte der König die Kuh und schoss einen Pfeil ab. Ägidi erblickte dies und warf sich schützend auf die Hirschkuh, sodass der Pfeil des Königs ihn schwer verletzte.

Ägidi überlebte diesen Unfall und wurde später der Leiter eines Klosters. Es war kein anderer als König Wamba, der um das Jahr 680 für Ägidi ein Kloster erbauen ließ - ein Akt der Buße für den Zwischenfall mit dem Pfeil.

Weiteren Legenden zufolge soll der heilige Ägidi den Sohn des Fürsten von Nîmes, der Stadt der keltischen Quellgottheit, wieder zum Leben erweckt haben. (15)

Der besondere Hirsch

Spannend in diesem Zusammenhang ist die wiederkehrende Symbolik des Hirsches. Der Hirsch selbst ist in vielen Religionen ein Symbol für den sterbenden und wiederauferstehenden Gott, der auch in christlichen Lehren verkörpert wird.

Bei den Schamanen und bei den Kelten ist der weiße Hirsch mit seiner weißen, reinen Symbolik ein wichtiger Aspekt der Anderswelterfahrung.

Dies ist für viele Menschen eine suspekte Darstellung, da sie von einem gewissen Aberglauben zeugt und nur schwer erklärbar ist. Doch sie findet auch Eingang in die Geschichte des Heiligen Hubertus der Jägerschaft.

Hier sprechen wir von der Symbolik des weißen Hirschs mit seinem Geweih und dem leuchtenden Kreuz in der Mitte. (41)

Zusammenfassende Gedanken

Weiterführende Gedanken, eigene Erlebnisse und radiästhetische Messungen bestätigen die gängige Wortwahl für diesen Platz „Alter Kultort“ oder „Kraftplatz“.

Bei unserem Besuch an diesem Kultort im Mühlviertel ist uns insbesondere aufgefallen, dass sich am sogenannten Hohenstein oder auch Jägerstein das Empfinden meines Forscherkollegen Claras drastisch verändert hatte. Zuvor noch hatte er mir während der Reise zu diesem Platz von leichten Kopfschmerzen berichtet, die bei einer kleinen Rast am Jägerstein verschwunden waren.

Dieser Bericht deckte sich auch mit den damaligen Aussagen von einem Einheimischen, der immer wieder diesen Platz aufgesucht hatte, wenn es ihm schlecht ging. Konnte dieser Platz tatsächlich heilen? Weitere radiästhetische Untersuchungen ergaben, dass sich an diesem Ort tatsächlich ein Exkarnationspunkt befand.

Tipp: In meinem Buch „Magischer Dreisesselberg: Von Klangsteinen und besonderen Plätzen im geomantischen Fokus“ beschreibe ich solch einen Exkarnationspunkt bei einer Kapelle in Oberschwarzenberg wie folgt:

„Es wäre gut möglich, dass die Kirche diese Kapelle bewusst auf genau diesem Platz erbaut hat. Bei näherer Betrachtung und nach Berichten Einheimischer war dieser Ort „Vor der Kapelle“ schon ein besonderer – mit einigen Legenden wie zum Beispiel die der 7 Engel.

Leider konnten wir bis zum heutigen Tag noch keine Indizien dafür finden, dass genau an diesem Punkt einst eine keltische Kultstätte oder dergleichen gestanden hat.

Jedoch kann man in der geomantischen Forschungsarbeit sehr wohl davon ausgehen, dass solch ein beschriebener Punkt im Zusammenhang mit der Sieben von einem Exkarnationspunkt oder auch Portalpunkt zeugt. Diese Exkarnationspunkte sind spezielle Plätze, die teils von der Kirche genutzt, verschlossen und erbaut wurden und die man auch als Seelenportale bezeichnen könnte.“ (17)

Nun, es wäre tatsächlich spannend, sich dieses gesamte Gebiet einmal etwas näher anzusehen. Am Beispiel des Dreisesselberges haben wir doch tatsächlich erkannt, dass es noch viel mehr gibt, was wir auch heute (!) nachweislich noch nicht verstehen.

Weitere Berichte aus der Gegend um Engerwitzdorf laden ebenfalls dazu ein, dieses Gebiet etwas näher zu betrachten. So wird von einem Bauern aus der Gegend berichtet, dass dieser immer wiederkehrende Lichtpunkte im Wald beobachtet und es ihm bis heute ein Rätsel ist, was diese Lichtpunkte sein könnten.

Könnte es sein, dass es sich bei diesen Plätzen tatsächlich um sogenannte „Portalpunkte“ handelt? Ich würde sagen, dass die Legenden um den Hirsch und den Heiligen Ägidi genau das ausdrücken – zumindest, wenn man den Gedanken weiterführt.

Es stellen sich mir weitere Fragen: Kann es demnach tatsächlich sein, das diese Ägidikirchen und deren alte Kultorte mehr als nur „belanglose Steinbauten“ waren?

Kann es sein, dass wir hier tatsächlich von bewusst kreierten Kraft und Portalplätzen sprechen, die auch zur damaligen Zeit genutzt wurden?

Auswertung der Ägidikirche Thalheim

Nun, am Beispiel der Thalheimer Ägidikirche können wir folgende geomantische Dinge bestätigen: In der Kirche selbst finden wir einen kosmischen Einstrahlpunkt mit verschiedenen Gitterkreuzungen mit einer Intensität von 25.000 Bovis-Einheiten. Die Qualität des Ortes kann man anhand der kosmischen Einstrahlpunkte des Neptun geomantisch bestätigen.

So schildern die Lehren des Rudolf Steiner, dass Neptun erst entstanden ist, als sich philosophische Wesenheiten aus der alten Saturnentwicklung außerhalb des Sonnensystems zurückgezogen haben. In dieser Entsprechung muss jedoch deutlich werden, dass diese Saturnentwicklung im eigentlichen Sinne die erste Verkörperung unserer Erde bzw. unseres ganzen Planetensystems darstellt und von den Geistern der Throne umgeben war – Wesenheiten und Energieformen unseres bekannten Willensfeuers und dem eigentlichen Willen selbst. (39)

In weiteren Betrachtungen kann man also davon ausgehen, dass dieser immer noch vorhandene, neptunische Einstrahlpunkt die Verkörperung einer Sehnsucht nach dem verlorenen Paradies darstellt, aber auch all das, was der Mensch nicht verstehen kann.

Er ist mit seiner symbolischen Wiedergabe der göttlichen Liebe - das höhere Prinzip der weiblichen Venus - voller Willenskraft als Urprinzip zur spirituellen Umsetzung in Glauben oder auch Intuition für den Menschen bereit. (18)

Doch beschreiben wir kurz den Einstrahlpunkt. Was ist so ein Einstrahlpunkt überhaupt?

Wenn man den Begriff „Einstrahlpunkt“ wählt, so spricht man in der Geomantie von „vertikal verlaufenden Äthersträngen.“ Diese

Ätherstränge können in ihrem Inneren auf verschiedene Art und Weise strukturiert und beschaffen sein. Meist werden diese Einstrahlpunkte den Planetensphären zugeordnet – in diesem Beispiel eben dem Neptun.

In den Lehren der Geomantie verbindet man somit geistige Ebenen mit der physischen Ebene in der Gegenwart. Es sind Punkte in der Landschaft, die eine Art Brücke oder auch Himmelsleiter zwischen Himmel und Erde bilden.

Ebenso konnten wir bei unseren Nachforschungen feststellen, dass sich an der Nordseite des Kirchenbaus in Thalheim ein Portalpunkt in eine Anderswelt befindet. Ein alter Totenkult im Zusammenhang mit dem gefundenen Heiligen Christophorus an dieser Kirche bestätigt auch diese Beschreibung.

An dieser Stelle sollte erwähnt werden, dass der Hl. Christophorus einen der 14 Nothelfer darstellt. (Zu den Nothelfern später mehr). Meist wird der Hl. Christophorus zum Schutz bei Reisen oder bei schwerer Krankheit und plötzlichem Tod angerufen, um so als ein Nothelfer sein gutes Werk zu verrichten.

Einige Legenden ranken sich um diesen Nothelfer, was wiederum die Darstellung des Riesen Christophorus an Kirchenwänden mit sich bringt. Wie bereits erwähnt, wird auch in diesem Zusammenhang ein Ort beschrieben, an dem die Seelen der Verstorbenen in den Himmel gelangen können.

Daher kann der Hl. Christophorus auch wunderbar mit den germanischen Göttern in Verbindung gebracht werden, denen man ebenso eine bestimmte Jenseitsvorstellung nachsagt.

Dies zeigt sich am Beispiel der mythologischen „Wohnung der Gefallenen“ Walhall (Valhöll) und der dreistrahligen Regenbogenbrücke Bifröst, die die Erde (Midgard) mit dem Reich im Himmel (Asgard) verbindet.

Ein ebenso spannendes Indiz liefert uns der Bauplatz dieser Kirche. Neben der Straße thront diese Kirche auf einem leicht erhöhten Hügel, der wie eine riesige, zugeschüttete Krypta wirkt, die unter der Kirche liegen könnte. Dieser Gedanke kommt einem vor allem, wenn man im Westen den versperrten Zugang in den Berg hinein entdeckt, der zu dieser „geheimen“ Krypta unter der Kirche führen könnte.

So zumindest vermutete das Claras schmunzelnd, doch leider fanden wir in den Aufzeichnungen keinerlei Hinweise darauf.

Aber wir erkannten hier schon auf den ersten Blick, dass die Kirche von einer ca. 1 m hohen Mauer umgeben war. Das war genauso untypisch wie der östliche Zugang zum Kirchengrundstück in Verbindung mit dem westlichen Kircheneingang.

Dieser Kraftpunkt der Ägidikirche liegt in 40° nordöstlicher Richtung vom Pulszentrum des Reinbergs ausgehend. (Das Pulszentrum wird noch beschrieben)

Mit dieser mathematischen Entsprechung des Neunecks oder auch „Nonagon” können wir somit ein Neuneck bilden und eine der Hauptzahlen als die Neun konstatieren!

Diese Zahl wird auch dem „Eremiten“ (im Tarot) zugesprochen und steht für das innere Licht sowie die Kraft des Alleinseins, der Zurückgezogenheit, der vollen Verantwortung für sich selbst. Weitere Entsprechungen sind beispielsweise die Kraft der Wahrheit, Wissen, Weisheit, Introspektive, Schweigen und Stille – was auch die höhere Form ist, sich für das innere göttliche Licht zu öffnen und in ihm zu leben, was es auch immer mit sich bringen mag.

Mit der Quersumme der Zahl 40, die wiederum 4 ergibt, können wir im theosophischen Sinne die Kraft des Alleinseins im Zusammenhang mit der Zahl der Schöpfung beschreiben. Die 4 ist eine Zahl des Kosmos, der Schöpfung und der äußeren materiellen Welt.

Betreffend dieser Auswertungen stellen sich nun folgende Fragen:

Wollte man an dieser Kirche bewusst den Weg für die Besucher beginnend durch den Punkt der Anderswelt öffnen?

Nun, selbst die Eintrittsschwelle in das Grundstück zeichnet sich geomantisch ab, indem es mit einem dicken Eisentor dem Besucher verschlossen bleibt.

Weshalb wirkt es an dieser kräftigen Kirche so, als ob man den Besucher davon abhalten möchte, diese näher zu untersuchen?

Weshalb wurde der Kirchenzugang nicht auf direktem Weg von der Straße hinauf gepflastert?

Könnte es sein, dass diese Kirche im Zusammenhang mit dem Pulsplatz tatsächlich die Kraft des Alleinseins für Thalheim darstellt?

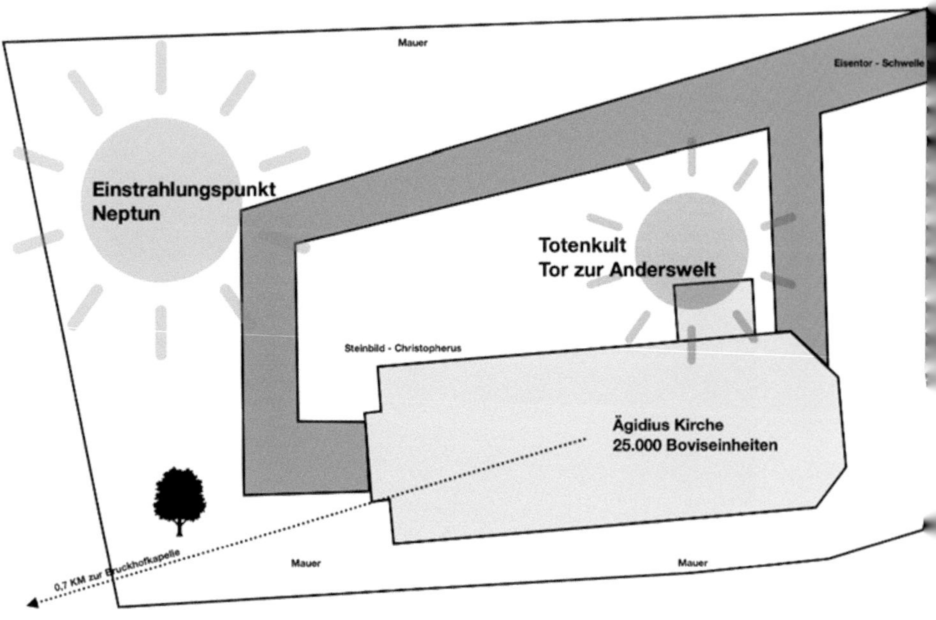

Abb. 4: Geomantische Grafik „St. Ägyd in Thalheim“

Die 14-Nothelfer-Kapelle am Fuße des Reinbergs

Betrachten wir die Gegend weiter, so erkennen wir die kleine Kapelle aus dem Jahre 1679. Diese befindet sich an der Aigenstraße neben einer Kneippanlage. In ihrem Inneren finden wir ein Gemälde von Christus mit den 14 Nothelfern.

Abb. 5: 14-Nothelfer-Kapelle

Hier sprechen wir von den 14 Heiligen aus der Epoche vom zweiten bis vierten Jahrhundert. In der katholischen Kirche werden die Nothelfer auch als Schutzpatrone im Gebet angerufen.

Als Hilfestellung bei unseren Forschungen dienten die Erläuterungen von Dr. Kneissl, die nachfolgend für das bessere Verständnis des Lesers hier aufgeführt werden sollen.

Herr Dr. Peter Kneissl aus Freienstein beschreibt die 14 Nothelfer wie folgt:

Blasius:
Der Bischof von Sebaste in Kilikien (heute Nordtürkei) gilt als Patron gegen Halskrankheiten, da er einen kleinen Buben einst davor bewahrte, an einer verschluckten Fischgräte zu ersticken. Sein Festtag ist der 3. Februar. Mancherorts wird heute noch am Blasiustag den Gläubigen mit zwei gekreuzten Kerzen der Blasiussegen gegen Halskrankheiten gespendet.

Cyriakus:
Diakon aus der Zeit der römischen Christenverfolgung, wird zumeist mit einem Teufel an einer Kette oder Leine dargestellt. Gilt als Patron gegen Selbstzweifel. Festtag ist der 8. August.

Achatius:
Römischer Heerführer, sein Festtag ist der 22. Juni. Seine Legion fand einst in einer riesigen Dornenhecke den Märtyrertod.

Vitus – Veit:
Der Festtag des in einem Kessel voll siedendem Öl gekochten Knaben aus vornehmer Familie ist der 15. Juni. Aufgrund der Ähnlichkeit zwischen dem kochenden Öl und Urin gilt er auch als Patron der Bettnässer: „Wir bitten Dich oh Heiliger Veit – erweck die Bettbrunzer zur rechten Zeit“ lautet ein etwas unkonventioneller Gebetsspruch.

Barbara:
Die Tochter eines reichen Handelsherren aus der heutigen Türkei ließ während der Abwesenheit ihres Vaters in den Turm, in welchen er

sie einsperren ließ, ein drittes Fenster brechen, um sich zur göttlichen Dreieinigkeit zu bekennen und sich somit für alle Welt als Christin zu offenbaren. Der Festtag der vor allem im Bergbau sehr verehren Heiligen ist der 4. Dezember.

Margaretha:

Die Märtyrerin Margaretha von Antiochia, deren Name aus dem Griechischen übersetzt „Die Perle" bedeutet, wird zumeist als Bezwingerin des Teufels, dem sie ein Kreuz ins weit aufgerissene Maul stößt, dargestellt. Ihr Festtag ist der 21. Juli. Zudem gilt Margaretha als Patronin der Ernte. Ein Spruch hierzu lautet: „Die erste Birn brockt Margareth, drauf überall die Ernt angeht!"

Katharina:

Die hochgebildete junge Frau, die mühelos 50 der weisesten Männer ihrer Zeit philosophisch widerlegte, gilt noch heute als Patronin der Gelehrten, Philosophen, Bibliotheken und Universitäten. Ihrer wird am 25. November gedacht. Als man ihr den Kopf abschlug, sprudelte Milch heraus.

Panthaleon:

Dem jungen griechischen Arzt, dessen am 27. Juli gedacht wird, wurden, da er sich standhaft weigerte, andere Götter als den dreieinigen Gott anzubeten, die Hände auf den Kopf genagelt. Seltener wird er mit einer Salbenbüchse in den Händen dargestellt.

Erasmus:

Sein Festtag ist der 2. Juni. Dem Bischof, der sich standhaft weigerte, seinem Christentum abzuschwören, wurden mit einer Haspel die Gedärme aus dem Leib gekurbelt. Gilt daher als Patron gegen Koliken und Unterleibskrankheiten aller Art.

Ägidius:

Der Heilige Ägidius, ein Eremit in der selbstgewählten Einsamkeit Gottes, galt als rettungslos verloren, als das Kommen seiner Getreuen, die ihn mit allem Lebensnotwendigen versorgten, aufgrund einer gefährlichen Seuche nicht mehr geraten schien.

Voll Gottvertrauen begegnete ihm im Wald eine Hirschkuh, in deren Hals ein Pfeil steckte. Voll des Mitleides zog er dem Tier das Geschoss aus dem Hals heraus und wurde von ihr im Gegenzug mit ihrer Milch bis zu seinem eigenen Tod genährt. Sein Festtag ist der 1. September.

Dionysius:
Der Bischof von Paris wurde enthauptet und trug sein blutiges Haupt eigenhändig an den Ort seines Begräbnisses. Heute befindet sich der Überlieferung nach an dieser Stelle die Abtei von St. Denis, einst die Grablege der Könige von Frankreich. Sein Heiligentag ist der 9. Oktober.

Christophorus:
Der Riese Christophorus, ein Grieche, verdingte sich einst als Fährmann per pedes durch einen Fluss. Einst erschien ein kleines Kind am Flussufer und bat den Riesen, er möge ihn doch auf die andere Seite hinüber tragen. Scheinbar eine Kleinigkeit für Christophorus – so dachte dieser zumindest.

Doch schon ab der Hälfte der zu bewältigenden Strecke, schien ihm das Kind ob seiner riesenhaften Kräfte schier unglaublich schwer. Schließlich sagte er: „Mir scheint es schier unglaublich, dass ein kleiner Bub so schwer sein kann." Darauf bekam er die Antwort: „Wundert Dich das, wo Du doch gerade die ganze Welt trägst." Der Festtag des Patrones der Reisenden ist der 24. Juli.

Georg:
Der legendäre Drachentöter, dessen Festtag der 23. April ist, war für eine von einem riesigen Drachen tyrannisierte Gemeinde deren allerletzte Hoffnung. Einmal jährlich musste die Gemeinde nämlich eine Jungfrau der Bestie opfern. Georg erlegte furchtlos den Drachen und wurde so im ganzen Lande gerühmt und gefeiert. In wenig ernsthafter Form gilt der Drachentöter Georg heute „als Patron im Kampf gegen eine böse Schwiegermutter."

Eustachius:

Nicht völlig klar und eindeutig zu trennen sind die Heiligen Eustachius und Hubertus, doch beide gemeinsam haben sie ihren Gedenktag, den 3. November.

Einst begegnete Eustachius im Wald ein kapitaler Hirsch, den er über eine lange Wegstrecke hinweg verfolgte. Als er sich anschickte, das edle Wild zu erlegen, stand der Hirsch plötzlich mit leuchtend weißem Fell und einem glitzernden Kreuz zwischen den Stangen seines Geweihes vor ihm. Eustachius bekreuzigte sich, wurde Christ und stiftete an dem Ort seiner wundersamen Bekehrung ein Kloster. Er gilt als Patron der Schützen und Jäger.

Eine kurze Randinformation aus der Zeitung „Oberösterreichische Nachrichten" besagt Folgendes:

„Die Kapelle wurde 1679 von Brückenbaumeister Andreas Klom mit rechteckigem Grundriss und geschwungenem Zeltdach errichtet. Über der gesamten Front wird die Kapelle von Konglomeratsäulen gestützt. Das ist aber auch schon alles, was man über dieses Bauwerk weiß." (19)

Zuletzt wurde das Bild mit seinem dargestellten Tassilokelch im Jahre 1973 restauriert.

Die Kapelle hat eine Energiekonstante von ca. 22.000 Bovis-Einheiten. Diese Kapelle könnte demnach einen Heilplatz für alle Probleme darstellen. Denn für jedes Problemchen haben wir auch einen Nothelfer parat. Weitere Untersuchungen ergaben, dass sich neben der Kneippanlage auch ein alter Kultplatz befunden haben könnte. Es ist anzunehmen, dass die früheren Kelten sich an diesem Platz vor einer Besteigung des Grenzberges rituell gereinigt haben.

Und ja, auch heute haben wir in diesem kleinen Brunnen ein heilendes Wasser mit 7.500 Bovis-Einheiten zur Nutzung bereit. Neben dem Brunnen haben wir denselben Neptun-Einstrahlpunkt gefunden wie bei der danebenliegenden Ägidikirche.

Bei näherer Betrachtung konnten wir auch feststellen, dass der sogenannte Heilbrunnen mit seinem möglichen Kult- oder Mühlenstein, auf einer starken Wasserader erbaut wurde.

Spannend und erwähnenswert ist, dass die Metallstufen in die Kneippanlage genau an der Wasserader hinabführen. Hatte man diesen Abstieg intuitiv gewählt oder bewusst auf die Wasserader platziert? Nun, die Wasserader selbst ist rechtsdrehend, geht man die nach rechts folgenden Stufen hinunter, so bewegen wir uns in derselben Schwingung wie diese rechtsdrehende Wasserader im heilenden Berg- oder Quellwasser.

Hierbei ist noch anzumerken, dass in der Radiästhesie eine rechtsdrehende Polarisation als körperlich (oder auch geistig) aufbauend gesehen werden kann.

Abb. 6: Der Heilbrunnen

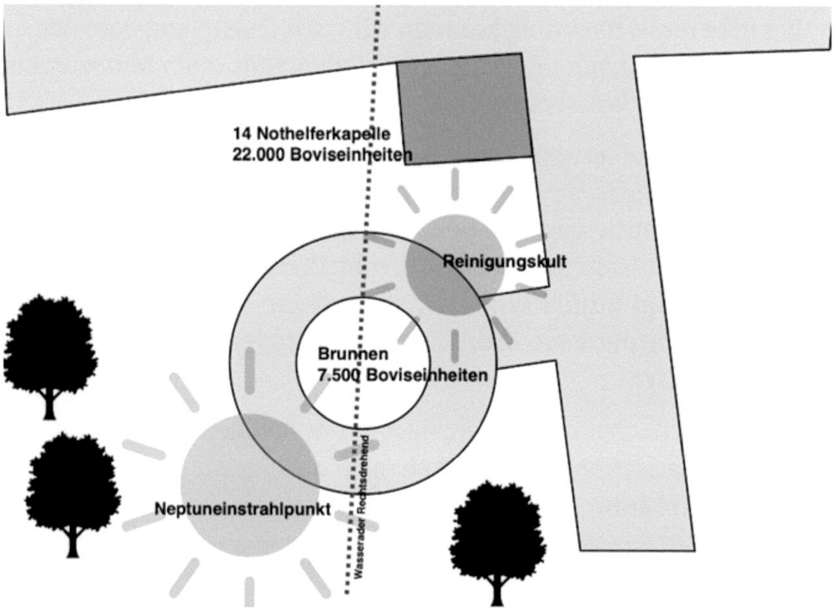

Abb. 7: Geomantische Grafik „14-Nothelfer-Kapelle“

Dieser Platz befindet sich 60 Grad zur Nordostachse des Pulsplatzes auf dem Reinberg – was wiederum die „Blume des Lebens“ ergibt.

Aus dem Buch Genesis entnehmen wir, dass die Welt in sieben Tagen entstand. Es waren jedoch sechs Tage der Schöpfung und ein Tag, an dem Gott sein Werk für gut befand und daraufhin ruhte. Für diesen Zyklus, der mit dem achte Tag von Neuem beginnt, jedoch auf höherer Ebene, steht als Symbol zuerst der Kreis mit seinem Zentrum 0. Und es sind dem Prinzip nach 360 Grade, durch die man den Bogen des Kreises durchläuft. -> Die Lebensblume!

Wenn es darin laut Bibel sechs Schöpfungsintervalle gab, bezeichnet das im Kreis dann 6 x 60 Grad, sowie einen zentralen Punkt der Ruhe - woraus sich eine aktive Sechsheit des Kreislaufs und eine passive Siebenheit des Zentrierung ergibt: Einer erschafft im Außen und zieht sich hernach in sich zurück, in sich Ruhe findend. Mit der Entsprechung der Lebensblume kommt der Hauptzahl sechs ebenfalls eine Bedeutung zu.

Die 6 ist eine Zahl, die in der Zahlenmystik in Symbiose zur geomantischen Auswertung nichts anderes darstellt, als das Gleichgewicht und die Harmonie zwischen Mann und Frau. Die geometrische Entsprechung der Zahl 6 ist das Sechseck oder Hexagramm, gebildet aus zwei gespiegelten Dreiecken.

Das Dreieck mit der Spitze nach oben repräsentiert das männliche Element, das andere mit der Spitze nach unten das Weibliche. Die Verschmelzung zum Sechseck oder Hexagramm ist somit das Zeichen der Symbiose. Rudolf Steiners Betrachtung zu dieser besonderen Zahl ist eine Weiterführung zu diesem Thema.

Seine These war, dass die 6, das Hexagramm, die Zahl der Vereinigung von Mikrokosmos und Makrokosmos ist und somit wiederum die Lebensblume an sich beschreibt. (17)

Kann es sein, dass dieser Platz im Zusammenhang mit dem Pulsplatz ein Symbol für die Vereinigung von Mikrokosmos und Makrokosmos darstellt und so die vereinenden Kräfte von Thalheim in sich trägt?

Die Lebensblume kurz beschrieben:

Ein Symbol aus 19 Kreisen, das seit Tausenden von Jahren in zahlreichen Kulturkreisen als Energiesymbol bekannt ist. In vielen Kulturen gilt dieses Symbol auch als heilig. In der Antike verwendeten viele Künstler und Baumeister dieses Symbol als Grundlage für Ihre Bau- oder auch Kunstwerke in geomantischer Entsprechung

Wallfahrtskirche Maria Schauersberg

Nach einer Anregung eines Einheimischen gingen Claras und ich den sogenannten Pilgerweg von Thalheim nach Schauersberg ab. Ein älterer Herr erzählte uns, dass es ab und zu passieren könnte, dass man auf diesem alten Pilgerweg ein kleines Wunder erlebt.

Nun, wir gingen eines Tages den Weg ab, Wunder haben wir zwar dabei keine erlebt, jedoch fanden wir eine Kirche und ein urig gutes Gasthaus, dessen Existenz uns bisher nicht bekannt gewesen war.

Es war natürlich klar, dass wir hier im Gastgarten ein gemütliches Bier zu uns nahmen und dieses Ereignis als ein zufälliges Wunder notiert hatten. „Nach der Pilgerreise noch ein gutes Bier ... dieses Glück hatten die Apostel damals wohl nicht.“

Abb. 8: Die Kirche Maria Schauersberg

Wir fanden ebenfalls die Wallfahrtskirche Maria Schauersberg. Diese spätgotische Wallfahrtskirche, auch „Kirche Mariä Himmelfahrt zu Schauersberg“ genannt, ist ein beliebter Wallfahrtsort. Dieser wurde im Jahre 1490 eingeweiht.

Nach einer Sage geht die Errichtung der Kirche auf eine wundersame Heilung zurück, bei der Graf Sigmund von Pollheim von der Gicht befreit wurde. Anhand der exponierten Lage besteht allgemein die Vermutung, dass in der Zeit der Austria Romana dort eine römische Befestigung bestanden hat. Die Kirche selber ist eine spätgotische Saalkirche mit einem halb eingemauerten Turm, der im oberen Ende in ein wichtiges kirchensymbolisches Oktogon überführt ist. (20)

Wir waren verblüfft – das Oktagon ist ein wichtiges Symbol in der sakralen Kirchenarchitektur. Hier haben wir die Entsprechung des Achtecks. Das Achteck selber hat seit der Antike eine symbolische, kräftige Bedeutung, die auf das Urbild des achtstrahligen Sterns zurückgeht und für Vollkommenheit steht.

Daher ist es meist eine erwählte Symbolform für sakrale Plätze und außerdem ein Symbol für die Wiedergeburt. Bewundernswert ist auch das Kirchengewölbe mit seinen Parallelrippen und Rautenmustern. Doch ein besonderes Augenmerk sollten wir auf die Maria, umgeben von Engeln, richten. Diese Maria mit ihrem abgesägten Arm steht auf einem Strahlenkranz umgeben von Engeln auf einer darunterliegenden Mondsichel.

Bei weiteren Betrachtungen, die ich auch in meinen vorherigen Büchern beschrieben habe, kann hier auch von der sogenannten Mondsichelmadonna gesprochen werden. Sie wird in der christlichen Ikonografie als ein Marienbildnis bezeichnet. Und sie ist in der Offenbarung des Johannes als apokalyptische Frau geprägt! Die Mutter Gottes auf der Mondsichel ist außerdem bekannt als die sogenannte Isais Figur aus dem Thule Kult vom Untersberg.

Der Halbmond oder auch die Sichel stellt unter anderem ein altes heidnisches Symbol dar, das für die Keuschheit steht. Er ist auch bekannt als Messinstrument, was vor allem für den Monatszyklus der Frau wichtig ist. Also auch ein Symbol der Fruchtbarkeit und des Lebens.

Darüber hinaus wird diese Mondsichel auch als ein Symbol für die heilige Barke der Ägypter mit einem darüberstehenden Morgenstern bezeichnet. Ein Zeichen der Gottheit Isais.

Man sagt in diversen Kreisen, dass Isais in diesem Sinne keine Göttin ist, sondern eher ein außerirdisches Wesen oder ein Wesen aus einer anderen Dimension. Gekommen mit dem heiligen Stein, der in Mekka eingemauert ist. Isais ist noch bekannt als die jüngere Schwester der Göttin Athene und als erstes „verborgenes" Kind von Isis, gezeugt mit Seth. Als Begleiterin von Mithras und als Liebesgöttin – Venus, Aphrodite und so weiter.

Sie wird aber von einigen Okkultisten ebenfalls als Mutter Maria angesehen oder mit Maria Magdalena gleichgesetzt. Indizien dafür kann man auf dem Ishtar-Tor, einem der Tore Babylons, finden und auch in okkulten deutschen Kreisen wie der Thule-Gesellschaft.

Ein Mitglied des Thule-Kultes aus Deutschland, in der Nähe von Berlin, beschrieb uns nach einer Anfrage eine Frau auf dem Halbmond, die in deren Augen immer Maria Magdalena darstellt. Des Weiteren führte dieser aus, dass die sumerisch-ägyptische Göttin Isis im Christentum zur Maria umfunktioniert wurde.

Und tatsächlich finden wir hier einen beeindruckenden Platz der Venus vor der Kirche. Ein alter Kultplatz mit einer Energieentsprechung von 14.000 Bovis-Einheiten, an dem Tanzrituale abgehalten wurden. Könnten wir hier tatsächlich eine Bestätigung dafür gefunden haben, dass diese Kirche der Begleiterin von Mithras, der Liebesgöttin Venus oder Aphrodite geweiht sein könnte?

Spannendes wurde uns auch bei den Untersuchungen vor der Kirche offenbart. So haben wir vor der Kirche den sogenannten Donnerplatz mit 26.000 Bovis-Einheiten gefunden. Ein Platz, der uns erst bei späteren Recherchen den Zusammenhang mit dem Isais-Kult und dem Blitz erklärte.

Laut Legende ist Graf Sigmund von Pollheim, damaliger Besitzer der Burg Steinhaus, gichtkrank aus der Gefangenschaft der Sarazenen zurückgekehrt. Schon fast zu Hause angelangt, erreichte ihn auf der Anhöhe des Steinhauser Waldes (Schauersberg) ein furchtbares Gewitter. Durch einen Blitz fiel er betäubt zu Boden. Als er erwachte, war die Gicht geschwunden. Als Dank für diese Heilung gelobte der Graf, an dieser Stelle eine Kirche zu bauen.

Randnotiz: An allen Isais-Kirchen wurden Blitzsymbole (der Isais-Blitz) implementiert sowie als Logo für den Thule-Kult verwendet.

Neben diesen faszinierenden Zusammenhängen fanden wir nordöstlich der Kirche einen Einstrahlpunkt des Saturns mit 19.000 Bovis-Einheiten und nördlich ein Andersweltportal – wie bei der Ägidikirche –, das sich mit Büschen und Bäumen schützend davor erhebt.

Folglich kann aus diesen einzelnen Punkten doch tatsächlich auch der große Kultplatz der Venus bestätigt werden, in dem zu keltischen Zeiten wohl auch ein Symbol der Liebe stand.

Nebenbei sollte bemerkt werden, dass die Venus das hellste Gestirn am Firmament ist und aus diesem Grund auch „Morgen- oder Abendstern" genannt wird. (38) Eine Benennung, die ebenfalls in der Mythologie der Isais oder des Halbmondes aufzufinden ist.

Die Leuchtkraft der Venus korreliert dabei mit der symbolischen Zuordnung zu Harmonie und Schönheit und wird im Zusammenspiel mit dem Saturn und der Anderswelt auch ein sehr starker Kultplatz.

Bei näherer Betrachtung des oktogonalen Kirchturms fällt außerdem auf, dass dieser mit einem Hahn anstelle eines Kreuzes verziert wurde. Dies können wir so interpretieren, dass diese Kirche einst ein keltischer Kultplatz gewesen ist.

Anderen Meinungen zufolge wurden von den Römern eroberte Kultplätze der Kelten mit dem keltischen Symbol des Hahns (Gallus) dekoriert und finden sich daher auch auf neueren römischen Sakralbauten.

Ein alter Kultplatz der Kelten also?

Selbst der Professor war sich nicht ganz sicher – doch konnte er mir bestätigen, dass durch alle Kirchen mit dargestellten Hähnen am Turm eine besondere Leylinie oder auch Drachenlinie verläuft, die meist mit anderen Kraftorten/-zentren verbunden ist.

Tatsächlich findet man weitere Hinweise für diese These!

Blicken wir in das Innere der Kirche, so erkennen wir nämlich gleich hinter dem Eingang ein Eisengitter mit mysteriös anmutenden Verzierungen.

Neben den kirchlichen Symbolen, wie etwa dem ebenfalls dargestellten Petrus, findet sich auch der sogenannte „Grüne Mann“ auf dem Eisengitter.

Grundsätzlich sollte hier erwähnt werden, dass dieser eine römische Ableitung von „Cernunnos“ darstellt. Für die Kelten der Herr des Waldes und der gesamten Natur. Eine Gottheit, die bei den Griechen „Pan“ und bei den Römern der „bocksbärtige Spieler namens Bacchus mit dem weinlaubumrankten Haupt und Gewand“ genannt wird. Diesen von den Kelten abgeleiteten Naturgott „Bacchus“, finden wir übrigens des Öfteren auf diesem Eisengitter dargestellt. Ein Gott, der für Fruchtbarkeit und Leidenschaft aber auch Schutz und Fürsorge steht. (42)

Abb. 9: Keltische Gottheit in der Kirche Maria Schauersberg

Abb. 10: Zugemauerte Wand, Andersweltpunkt in der Kirche Maria Schauersberg

Abb. 11: Der Hahn auf der Kirche Maria Schauersberg

Spannend ist vor allem, dass diese Kirche am westlichen Ausläufer des Reinbergs in 45 Grad zur West-Ost-Achse zum Pulsplatz liegt. Die Bedeutung der Zahl 45 gibt den kabbalistischen Schlüssel 45.

Die Zahl 4 ist die im Raum existierende Ordnung. Die Zahl 5 ist die Zahl des Mikrokosmos und damit des Menschen selbst. Man kann es laut den Kabbalisten Lehren so erklären, dass der Mensch als fünfter Pol alle anderen beherrscht.

Gleichzeitig bildet die Zahl 45 die Quersumme 9, welche als Zahl den theologischen Rhythmus zwischen Licht und Dunkel darstellt, was wiederum das Portal in die Anderswelt bei der Kirche beschreibt.

Daher erkennen wir bei dieser Kirche einen sehr wichtigen Kultort der Kelten, der wiederum auf die Längsachse des Reinbergs ausgerichtet ist.

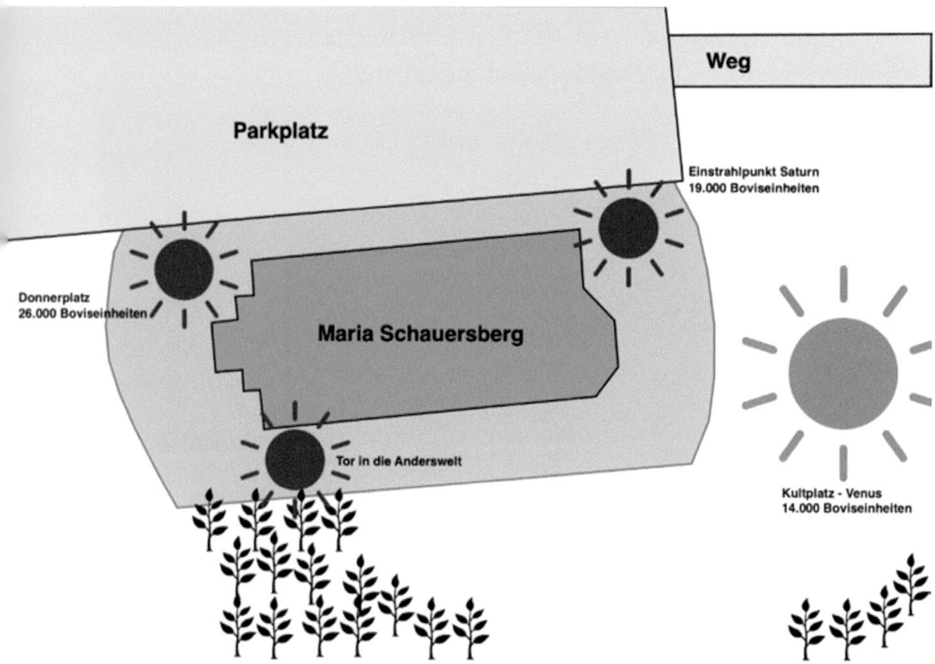

Abb. 12: Geomantische Grafik „Kirche Maria Schauersberg“

Der Einweihungsweg in die Anderswelt

Diese Anderswelten und Venusplätze, Kelten und Götter brachten uns zu einem alten Kollegen, der sich selbst als Schamane bezeichnet.

Sein Name ist Herbert, ein langjähriger Aussteiger, der im noblen Gemach seiner Eltern am Stadtrand von Wels wohnt und zu früheren Zeiten als Sachverständiger für ein Bauunternehmen gearbeitet hatte. Claras und ich kannten diesen Herrn bereits von unseren Untersberg-Forschungen. Als ich damals das erste Buch veröffentlicht hatte, kontaktierte mich dieser Herbert, da er bezüglich der Pyramiden-Geheimnisse einfach gerne mehr wissen wollte.

Claras und ich besuchten also Herbert und dieser erklärte uns eine spannende Sache im Zusammenhang mit dem Reinberg.

Eine Besonderheit auf dem Reinberg ist der Höhenweg. Er verläuft in Richtung Osten zur Marienwarte und nach Westen zur alten Ziegelbrennerei. Von der 14-Nothelfer-Kapelle mitten im Wald aus, schlängelt er sich zwischen den mächtigen Bäumen und versperrten Stollenanlagen empor auf diesen alten Keltenhügel.

Auf diesem oberen Höhenweg gibt es einen alten Keltenweg mit einigen faszinierenden Naturmerkmalen, die auf einer Wachstumszone liegen. Diese sogenannte Wachstumszone verläuft auf einer geologischen Bruchlinie und wird von einigen einheimischen Esoterikern und Schamanen auch als ein uralter Einweihungsweg der Kelten beschrieben.

An einem bestimmten Wegabschnitt sollte man sich so auf einen Übergang in die Anderswelt vorbereiten und mit den Geistern der Tauruna (Traun) Kontakt aufnehmen können. Was insgesamt betrachtet auch einen uralten Kultplatz beschreibt.

Herbert ist mit uns diesen sogenannten Einweihungsweg gegangen. Dabei erzählte er uns von 5 besonderen Bäumen oder auch Baumgruppen, die für den suchenden Wanderer oder von der Anderswelt Faszinierten jeweils eine bestimmte Aufgabe haben.

Diese 5 Bäume möchten wir an dieser Stelle anhand Huberts Schilderung und unserer Ergebnisse zusammenfassend beschreiben:

Die Übergangsboten:

Hatte man sich früher am Brünnlein des Reinbergs rituell „gereinigt“, so ging man die Serpentinen den Berg hinauf. Oben angekommen, teilte sich der Weg nach links zur heutigen Marienwarte und nach rechts.

Der Einweihungsweg begann folglich rechts. Die erste Baumgruppe sollten die sogenannten Übergangsboten sein, die sich ca. 5 Meter rechts von der Weggabelung befinden. Ein Baum auf der rechten Seite und drei auf der linken. Sie sollen dafür verantwortlich sein, dass sich der Suchende mit dem Gedanken auseinandersetzt, was ihn dazu veranlasst, die Anderswelt aufzusuchen. Ist sich der Suchende darüber im Klaren, dass er an einen besonderen Kultplatz schreitet, dann folgt er dem Weg weiter Richtung Westen.

Tipp: Eine kleine Meditation oder Einstimmungsübung zum Thema „Mein Weg – Mein Gedanke“

Die Wächter:

Geht man weitere 45 Schritte, erkennt man schon in der Zahl 45 die Besonderheit des Mikro- und Makrokosmos und damit des Menschen selbst in kabbalistischen Modellen.

Am Ende der 45 Schritte sehen wir links und rechts vom Weg jeweils einen Baum. Erzählungen zufolge sollen diese beiden Bäume die erste Barriere darstellen und den Suchenden damit konfrontieren, ob er diesen Weg tatsächlich weiter gehen möchte und dass es womöglich kein Zurück gibt.

Tipp: Eine kleine Meditation oder Einstimmungsübung zum Thema „Mein gewählter Weg – Meine Umsetzung“

Die Brücke:

Ist sich der Suchende im Klaren über seinen Weg, sein Vorhaben, geht er nun weitere 16 Schritte zum Baum zu seiner Linken. Dies soll der Brückenbaum sein. Aus den Erzählungen geht hervor, dass dieser eine Baum die jeweilige Hilfestellung für das Hinübergleiten in die Anderswelt darstellt und eine Inspiration für den Suchenden zu sein scheint.

Tipp: Eine kleine Meditation oder Einstimmungsübung zum Thema „Meine Inspiration und Hilfe für meine Umsetzung"

Die Pfortensteher:

Hat der Suchende nun auch die jeweilige Inspiration erhalten und die Hilfestellung der keltischen Gottheiten angenommen, erreicht er nach weiteren 16 Schritten die beiden Bäume zu seiner Linken. Die sogenannten Pfortensteher. Diese sollen dem Suchenden einen Schlüssel überreichen, um den Übergang in die Anderswelt zu vollenden.

Tipp: Eine kleine Meditation oder Einstimmungsübung zum Thema „Schlüsselprinzip und Aktionshandlung für mein Vorhaben"

Der Übergang:

Ist der Suchende nun am Übergang angekommen, erblickt er links und rechts vom Weg jeweils eine mächtige Eiche mit enormer Ausstrahlungskraft. Zwischen diese Bäume konnte er sich nun stellen, um durch das Zentrum der symbolischen Endlosschleife der 8 in die Anderswelt zu gleiten. Einem Symbol, das in Mathematik und okkulten Lehren ebenso von der Unendlichkeit berichtet.

Spannend in diesem Zusammenhang sind auch die geomantischen Messungen zwischen den beiden Übergangsbäumen. Hier bildet sich nämlich ein enorm starker Energie-Vortex, der bei sensiblen Menschen andere Sinneswahrnehmungen hervorrufen könnte. An dieser Stelle wurden tatsächlich 37.000 Bovis-Einheiten gemutet.

Hatte Herbert also recht mit seiner Aussage zum „Einweihungsweg“?

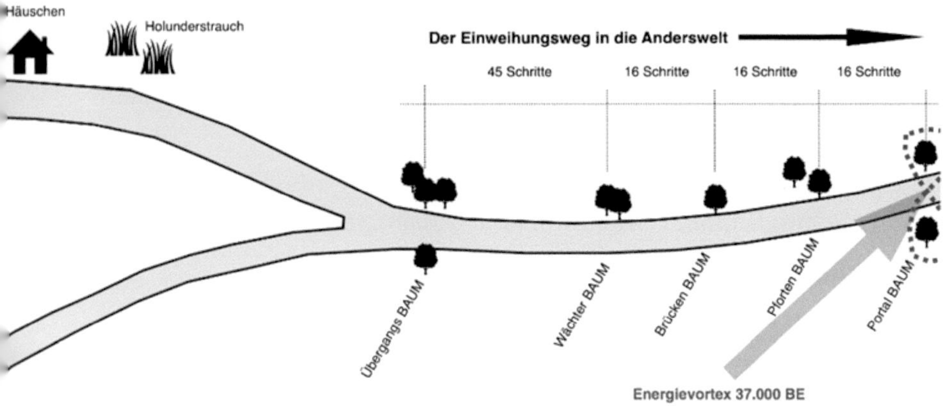

Abb. 13: Geomantische Grafik „Einweihungsweg am Reinberg“

Abb. 14: Die Portalbäume am Einweihungsweg

Das Pulszentrum – der weibliche Bergteil

Claras und ich gingen den Weg nach dieser Einweihung weiter und fanden einen ganz besonders empfehlenswerten Rastplatz, der uns sofort auffiel. Herbert, der uns begleitete, erklärte uns, dass dieser Platz der heiligste und kräftigste Platz am ganzen Reinberg ist – nämlich ein Sakralort oder auch Pulsplatz.

Sobald der Einweihungsweg und das letzte Portal durchschritten waren, fand der Suchende nach etwa 20 Schritten hier, auf der linken Seite (heute hinter einem Holzzaun), den sogenannten Pulsplatz oder auch den weiblichen Venusplatz des Reinbergs.

Dieser Platz ist eine größere Senke, die in einer Wiesenweide liegt und die vom Weg aus sichtbar ist. Spannend in diesem Zusammenhang ist, dass wir bei unseren späteren Nachforschungen im Stift Lambach Kartenmaterial gefunden haben, wo dieser Platz (der damals größer war als heute) durch 5 Steinmonumente gekennzeichnet war, die jedoch heute nicht mehr auffindbar sind.

Dieser Platz wurde mit 25.000 Bovis-Einheiten gemutet. Ebenso ergaben geomantische Messungen, dass sich auf dieser Weide (Pulsplatz) einst ein Kultplatz mit Uranus- und Venus-Einstrahlpunkten befunden hat. Diese Einstrahlpunkte wirken auch heute noch in dieser Gegend und bestätigen die Glaubwürdigkeit der alten Karte.

Betreffend Uranus haben wir dieselben theologischen Entsprechungen wie bei Neptun, nur kann man hier eine schöpferische Intelligenz und den Wunsch der Suchenden, Neuland zu betreten, erklären. Forscher und Erfindergeist, und reine Erkenntnis des Wissens kann ebenfalls im Zusammenhang mit Uranus erklärt werden. (42a)

Bezüglich der Venus sollte die zuvor erwähnte Maria Schauersbergkirche mit ihrem Venus Kultplatz nochmals erwähnt werden.

Abb. 15: Venusplatz bei der Kirche Maria Schauersberg

Interessant in diesem Zusammenhang scheinen mehrere Dinge zu sein. Zu einem haben es wir hier mit der keltischen Anderswelt zu tun, die man nach dem Einweihungsweg erlangt, und zum anderen muten wir am alten Keltenweg neben dem Pulsplatz eine hohes Aufkommen an Wasseradern, die sich ins Tal hinunterarbeiten. Des Weiteren erkennen wir, dass sich in unmittelbarer Nähe des Gebietes (darunterliegend) sämtliche Stollenformationen des Reinbergs befinden.

Hierzu gibt es eine interessante Anmerkung zu beschreiben.

Dies wäre der Hinweis, der sich aus unserer einschlägigen Forschungsarbeit in diesem Gebiet ergeben hat, dass **ein Pontifex in Wels ansässig** war.

Einträge auf Wikipedia beschreiben die Aufgabe der römischen Pontifices, die vor allem in der Überwachung aller religiösen Vorschriften bestand. In fast allen historischen Belegen wurden hierzu Tempel in den eroberten Gebieten erbaut.

Dabei handelte es sich meist um dem Kapitolinischen Trias geweihte Tempel, die für die Dreiheit der römischen Götter Jupiter, Juno und Minerva stehen (21). Leider wurde ein solcher Tempel bis zum heutigen Tage weder in Wels noch in Thalheim vorgefunden.

In einem solchen Tempel waren meist drei Räume jeweils einer der drei Gottheiten zugeordnet und mit einem entsprechenden Kultbild versehen. Einen solchen Tempel fand man bis heute zwar nicht in Wels, jedoch konnte man in Wels und Umgebung Weihsteine für Apollo, Jupiter, Vulcanus, Genius und Laren finden. Ebenso konnte anhand einer Statue des Stiergottes Tarvos Trigaranus die keltische Götterwelt nachgewiesen werden. (21)

Randnotiz: Der Tarvos Trigaranus ist eine keltische Gottheit in Form eines Mischwesens, bestehend aus einem Stier und drei Kranichen.

Denn neben den Informationen über die alten Tempel gibt es auch Berichte von Einheimischen sowie eine Sage über einen **angeblichen Schatz im Reinberg**.

Bei unseren Recherchen fanden wir die Aufzeichnungen des Chronisten Froschauer. Dieser berichtet hierzu in einem Heimatbuch, dass Kaiser Valentinianus 370 n. Chr. zum Schutz der Stadt Wels auf dem Reinberg ein Schloss erbauen ließ. „Nach einer alten Sag her, sohl im Reinberg ein Schluss versuncken seyn“. (22)

Froschauer erzählt hier auch die Sage von einem kleinen Mädchen, das auf dem Reinberg einen Goldklumpen gefunden hatte. „An der Stelle, wo einst das Schloss auf dem Reinberg bei Wels in die Erde versank, fand ein Kind Kohlen, die ihm recht schwer vorkamen. Es steckte ein paar Stücke ein und zeigte sie daheim den Eltern, da waren es Goldstücke. Die Eltern aber wollten von dem Teufelsschatz nichts wissen, das Kind mußte ihn zurücktragen." (22)

Anhand diverser Ausgrabungen am Fuße des Reinbergs kann bestätigt werden, dass tatsächlich solche Goldmünzen gefunden wurden. Aber ein Schloss gab es hier wohl eher nicht. Oder doch?

Hier stellten sich uns nun weitere Fragen:

Kann es sein, dass sich aufgrund der einzelnen, unabhängigen Berichte, Sagen und den Erzählungen des Försters nun der Schlüssel zu einer geheimen Kammer im Reinberg offenbart?

Wenn dieser Ort am Pulsplatz so ein starker Kultplatz war, ist es naheliegend, dass die Römer und andere Völker an dieser Stelle etwas erbaut haben, was heute „versunken" sein könnte? Am Beispiel der Kirche Maria Schauersberg wissen wir von der symbolischen Übernahme eines uralten Kultplatzes der Römer.

Liefert uns der Einstrahlpunkt des Uranus weitere Indizien? Sollten wir demnach in dieser Gegend etwas mit dem „Forschergeist" finden?

Nun, bekanntermaßen hat der strenge und ehrgeizige Forschergeist weltweit schon oft spannende Dinge ans Licht gebracht, die unsere Geschichtsschreibung auf den Kopf stellen würde, hätte man alle Ergebnisse der Öffentlichkeit zugänglich gemacht.

Claras sagt dazu schmunzelnd, dass eine Nase, die zu tief in diverse Themen gesteckt wird, schnell zu bluten beginnen könnte. Nun, angesichts der Ereignisse der letzten Jahre wusste ich nur zu gut, wovon mein alter Forscherkollege hier sprach.

Speziell in unserem Fall meint er nämlich die dunkle Bruderschaft, die damals am Untersberg für die Zerstörung vieler Portalpunkte verantwortlich war – von Orten also, die man ebenso als Kulturelle Kraftorte bezeichnen konnte.

Diese Kraftorte sind verantwortlich dafür, dass es ab und zu in der Forschung auch brenzlig werden konnte. Oder dafür, dass sich manchmal die Götter der Berge „rächen“, wenn willkürlich irgendwelche Kultplätze abgerissen werden – aufgrund persönlicher Ideologien, die nur in den Kreisen dunkler Mächte auf Verständnis stoßen.

Rückblick

Unser Schamane und Sachverständiger im Hochbau des Bauunternehmens, Herbert, hatte uns bereits vor geraumer Zeit erklärt, dass die mysteriösen Symbole auf der inneren Westseite einer bestimmten Kirche saniert werden sollten. Und zwar die der Herz-Jesu-Kirche in Wels. Diese Kirche sollte angeblich auf einer besonderen Linie liegen und das Gegenstück des Reinbergs in der Stadt darstellen.

Als er uns damals ein Foto zu den Bauarbeiten gezeigte hatte, erkannten wir ein bestimmtes Symbol als Zeichen für die Beständigkeit der spirituellen Bedeutung, das die Freimaurer nutzten – die ja des Öfteren diese Kirche aufgesucht hatten.

Damals hatten wir die Kirche natürlich sofort besucht, aber leider diese Symbole nicht mehr finden können, da an der betreffenden Stelle drei eingemauerte Steinplatten willkürlich gegen Wandverputz ausgetauscht worden waren. Wollte man hier etwa ganz bewusst die Symbolik des Geheimbundes verstecken? Nun, angesichts dieser spontanen Sanierung vor ein paar Jahren war das wohl anzunehmen.

Herbert erklärte uns, dass er bei der Auftragsvergabe ein mysteriöses Gespräch zwischen den Kunden und seinem Chef mitbekommen hatte. Hier war die Rede davon gewesen, dass es bewusst geplant war, sämtliche Verbindungen zu diesem Geheimbund und der Stadt Wels zu kappen. Wohl auch eine weiterführende Maßnahme der Logenaufhebung von Wels. Demnach war im Jahre 1970 die gemischte Loge ‚Zur Wahren Eintracht’ in Wels tätig.

Eine Generalsanierung der Kirche, von der Außen- und Innenbereich betroffen waren, fand in den Jahren von 2008 bis 2013 statt. Herbert erklärte uns weiter, dass es mitunter das oberste Ziel war, den

Reinberg zu nutzen. Die Rede war damals von einer gewinnbringenden Sache, die dem Machthaber und Initiator die Taschen mit Geld füllen könnte. Geschäfte unter dem Tisch waren hier an der Tagesordnung.

Der ehemalige Sachverständige erwähnte außerdem, dass dieser sogenannte Machthaber seine Anweisungen von einem externen Investor der Immobilien- und Baubranche erhalten hatte. Dieser soll außerdem ein komischer Kauz gewesen sein. Denn er verwendete immer einen bestimmten „komischen" Handschlag und eine Umarmung, wenn er den Machthaber traf, welche Verhaltensweisen Herbert beide nicht normal erschienen.

An dieser Stelle des Berichtes wurde Claras hellhörig. Er kannte doch die „komischen" Bräuche diverser Bruderschaften. Mein Freund klärte mich danach darüber auf, dass es nach den Beschreibungen des ehemaligen Bauleiters nur darum gehen könnte, den Heiligen Hügel der Welser Heide zu zerstören, um in der Ideologie von „Ordo ab Chao" die heilenden Kräfte der Stadt Wels zu vernichten bzw. einzudämmen.

Freimaurer waren bekannt für ihre abstrakten Begrüßungsformeln und dem Gedanken der Zerstörung von Heilenden Plätzen - zumindest manche von ihnen. Oft war das Ziel nichts anders als die sogenannte Etablierung ihres meist persönlichen Systems oder auch dem Verlangen nach „Macht und Geld". Um Dinge neu zu errichten, müssen andere zerstört werden – „Ordo ab Chao" – „Ordnung aus dem Chaos".

Nun, auch wenn der Initiator, ein Einheimischer, nichts davon wusste – der Investor musste sehr wohl von diesen Ideen wissen. Ich persönlich war doch etwas skeptisch bei Herberts Ausführungen. Doch als mir dieser Akten von einem Gerichtsprozess zeigte und mir erklärte, mit welch teilweise skrupellosen Taktiken der Bauunternehmer gearbeitet hatte, änderte sich auch mein Verständnis hierzu.

Es war eindeutig herauszulesen, dass Herbert als ehemaliger Sachverständiger in einer Zeugenaussage seitens des Bauunternehmers unter Druck gesetzt wurde - selbst von der örtlichen Polizei, die wiederrum vom Bauunternehmer ein gewisses „Sponsoring" erhalten hatten.

Verbindungen zur Freimaurerei konnte man anhand der Zeugenladungen ebenso finden.

Wir erkannten auch hier dieselbe Komponente wie an anderen Plätzen, z. B. dem Untersberg mit den dunklen Bruderschaften. Denn auch dort gab es ähnliche Sachen zu berichten.

... Zwei Tage später trafen sich Claras und ich am Traunufer in Wels. Claras starrte nachdenklich auf den Hangausläufer des Reinberg.

„So möge den unwissenden Dummen dieselbe Weisheit wie den Dunklen widerfahren. Bald wird sich die Natur auch ihrer annehmen und für universelle Klarheit sorgen."

Ich starrte Claras an und verspürte den Drang, seine etwas wirren Worte zu ergänzen: „Wie immer wird an kulturell wichtigen Orten versucht, diese zu vernichten. Und ich dachte, dies wäre nur am Untersberg so."

„Und genau aus diesem Grund müssen wir die Herz-Jesu-Kirche in Wels genauer unter die Lupe nehmen", grinste Claras.

Abb. 16: Der Pulsplatz am Reinberg

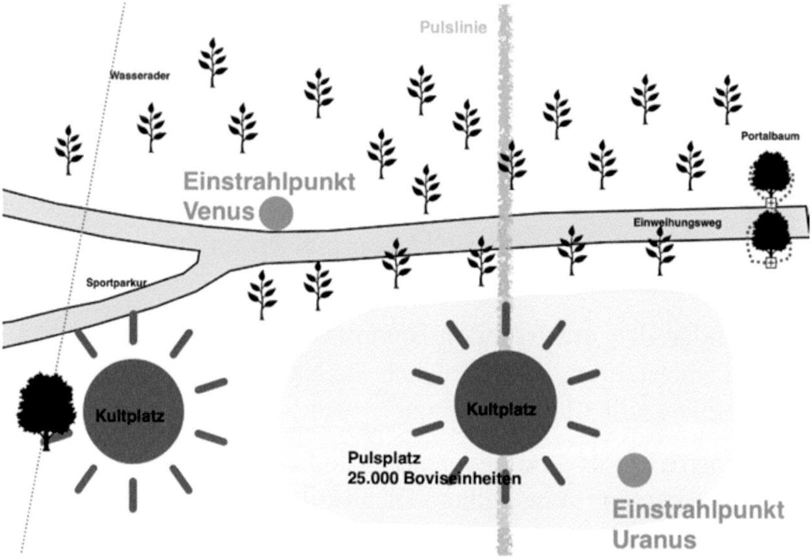

Abb. 17: Geomantische Grafik „Pulsplatz am Reinberg“

Der Aussichtspunkt Salettl

Abb 18: Der Hellwachpunkt

Claras und ich waren uns einig, man konnte aus geomantischer Sicht diesen Sakralplatz beim Pulszentrum als weiblich beschreiben.

Der Reinberg hat jedoch neben der stark ausgeprägten weiblichen Seite auch das Gegenüber - das Männliche. Angesichts der Erklärungen von Herbert, dem Schamanen, sollte sich die Herz-Jesu-Kirche auf einer besonderen Linie zum Reinberg befinden. Folglich war klar, dass wir diese Kirche nun auf einem Aussichtsplatz suchen sollten.

Wir gingen die Serpentinen bergauf und standen, oben angekommen, auf dem Keltenweg, wo rechts die Abzweigung in den Einweihungsweg übergeht. Entscheidet man sich jedoch, den linken Weg zu nehmen, so erkennt man eine gänzlich andere Flora und Fauna über das gesamte Gebiet. Die mächtigen Eichenbäume bleiben hier aus, stattdessen finden wir unzählige Büsche und kleine Bäume, die versuchen, den Abhang hochzuklettern.

Nach den ersten paar Metern findet man das Stromhäuschen, hinter dem sich eine große Holunderstaude hervorbäumt und uns die Anderswelt wieder in Erinnerung ruft.

Weiter den Keltenweg nach rechts folgend, finden wir nun den sogenannten Aussichtspunkt, der sich auch das Salettl nennt.

Hier sprechen wir ebenfalls von einem alten keltischen Kultplatz mit einem wunderschönen Ausblick auf ganz Wels bis in das Mühlviertel im Norden. Zur damaligen Zeit wurden solche Aussichtpunkte auch gerne als Beobachtungspunkt genutzt, die die Kelten als „Hellwachpunkte“ beschrieben.

Auch am Traunsee – in der Goldlucke – finden wir weitere Hinweise darauf, denn hier befindet sich ebenfalls ein solcher Hellwachpunkt – ein Glücksplatz der vor allem an einbem schönen Wandertag aufgesucht werden kann. (23)

Dieser Hellwachtpunkt namens Salettl am Reinberg wurde in der Moderne durch eine oktogonale Pflasterung am Boden und einem dazugehörigen Holzdach mit Stehern überbaut.

Doch bleibt man mit dem Fokus bei der Aussicht so kann einem schon mal die neumodische Besonderheit in der Pflasterung abhanden geraten. Inmitten des Oktagons zu unseren Füssen wurden 18.000 Bovis-Einheiten gemutet.

Die Verlege-Richtung des Pflasters mit dem dazugehörigen Kreis bestätigt auch hier unsere Vermutung, dass dieser Punkt die Sinne des Menschen aktivieren kann und zum entsprechenden „Weitblick" verhilft.

Abb. 19: Blick über Wels

Mit einem genussvollen Blick in den Norden finden wir direkt im Tal die bereits beschriebene Ägidikirche und mit Blick nach Wels die Pfarrgassenkirche. All diese Orte liegen auf einem Diagonalgitter, das auf einer Linie bis in die Stadt Wels hineinreicht.

Weiter in den Norden blickend, erkennen wir auch ein pyramidal aussehendes Waldstück in der Nähe von Puchberg. Dabei handelt es sich um den sogenannten Doppelgrabenwald der wiederum auf einer Leylinie liegt.

Dieser faszinierende Aussichtspunkt „Salettl“ liegt bei 55 Grad N/O zum bereits beschrieben Pulsplatz. Mit der 55 haben wir die Quersumme 10 = 1, was wiederum bedeutet, dass diese Lage im theologischen Sinne nichts anderes als eine göttliche Einheit darstellt. Eine Ur-Einheit bzw. die schöpferische Quelle des menschlichen Ichs.

Nun, kein Wunder, dass Claras und ich an genau dieser Stelle die inspirierenden Gedanken für unsere Forschungen hatten. Wahrlich ein besonderer Platz, an dem man den nötigen Weitblick mit schöpferischen Gedanken erhält und außerdem das beschriebene Gegenstück zum Reinberg erkennt: Die Herz-Jesu-Kirche.

Abb. 20: Pflasterung am Hellwachpunkt

Die Codes in der Herz-Jesu-Kirche

Nun, Herbert hatte uns ja den Hinweis gegeben. Doch es ist trotzdem spannend, dass uns bei unseren geomantischen Forschungen ebenfalls die Herz-Jesu-Kirche in Wels aufgefallen ist. Diese Kirche liegt auf der sogenannten „Pulslinie“ und bettet sich anhand der Lage besonders in die Form der Landschaft rund um Wels ein – vom Salettl aus betrachtet.

Diese Kirche liefert einen spannenden Bezug zu alten keltischen Kultorten. Und sie liegt auf der Pulslinie zum Pulsplatz, der das Gegenüber vom Reinberg darstellt, auf dem die Pfarrkirche Wels liegt.

Diese neuzeitliche Kirche aus dem Jahre 1905 war unter anderem der Erschließung des Stadtteils „Neustadt“ gewidmet.

Das Besondere an dieser Kirche sind gleich mehrere Dinge. Zum einem fanden wir eine **zufällige Anhäufung der Zahl 7** vor.

Eingangsseitig finden wir zwei Seitentürme mit genau 70 m Höhe und 7 Glocken. Im Zweiten Weltkrieg war unter anderem geplant, diese Türme wegen des nahen Flughafens zurückzubauen, was jedoch nicht realisiert wurde. (43) Zudem sollte erwähnt werden, dass Seitentürme in der sakralen Kirchenarchitektur eine besondere, spirituelle Rolle hatten.

Im Zusammenhang mit der 7 ist es auch verblüffend, dass es sich um eine Herz-Jesu-Kirche handelt. An der Zahl 7 und der Herz-Jesu-Kirche erkennen wir außerdem eine Verbindung zu Berichten, die auf die magische Zahl Sieben zurückgehen und somit die Gruppe der sieben Erzengel aus dem zwanzigsten Abschnitt des Ersten Buch Henoch symbolisieren sollen. Diese wären Uriel, Raphael, Raguel, Michael, Sariel, Gabriel und Remiel.

Diese sieben Engel werden im „Buch der Einsetzung des Erzengels Gabriel“ aus dem 6. Jahrhundert beschrieben. Dort wird von Gottes Entscheidung berichtet, sieben Erzengel für die Erde einzusetzen – was sich teilweise in den sakralen Kirchenarchitekturen wiederspiegelt. (17)

Nun, Claras konnte mir diese These bestätigen. Er erklärte mir sehr ausführlich, dass diese alten Überlieferungen bzw. die Lehren mancher Geheimbünde sich mit diesem Thema auseinandersetzen. Zudem finden wir in der Magie eine Ableitung der Zahl Sieben. Insgesamt betrachtet, kann man davon ausgehen, dass diese mythologische Zahl für ein Symbol der Ganzheit und der Fülle steht, die mit dem Himmel und der Erde in Verbindung steht.

Sogar die Bibel nimmt an vielen Stellen Bezug auf diese Zahl:

„Sieben Tore schützen Theben. Rom wurde auf sieben Hügeln erbaut. Am siebten Tag ruhte Gott, nachdem er unsere Welt erschaffen hatte. Sieben Gemeinden und sieben Posaunen sowie sieben Siegel aus der Offenbarung des Johannes. Der siebenarmige Leuchter aus dem Tempel von Jerusalem. Die Sieben Weltwunder." (24)

Ebenfalls eine spannende Tatsache ist, dass bei der Grundsteinlegung dieser Kirche ein Stein vom Ölberg in Jerusalem verwendet wurde.

Bei näherer Betrachtung der Architektur und des Grundrisses fanden wir heraus, dass diese Kirche nach sechsjähriger Bauzeit nach den Plänen vom Dombaumeister Matthäus Schlager im Jahre 1911 fertiggestellt wurde. Ein mysteriöser Zusammenhang, den mir Professor Claras offenbarte, war, dass dieser Dombaumeister eine Ritterauszeichnung des mysteriösen Ordens des heiligen Gregor des Großen erhalten hatte. (25)

Herz Jesu

Die allgemeine Herz-Jesu-Symbolik wird meist durch ein rotes Herz dargestellt, aus dem ein Kreuz herausragt und welches von einem Dornenkranz umgeben ist. Eine Wunde im Herz, aus dem Blutstropfen fließen, erinnert so an die Seitenwunde Jesu, die ihm mit der heiligen Lanze zugefügt wurde.

Jedoch finden wir an dieser Kirche ein anders dargestelltes Herz-Jesu-Bild in der Apsis. Alfred Stifter aus Linz hatte hier in dieser Kuppel die von uns versessene 1,6 m hohe Halbfigur Christi aufgemalt. Zufällig ergibt die Quersumme dieser 1,6 die Zahl 7.

Lebensbaum

Das Spannende an diesem Gemälde ist unter anderem, dass hinter dem gefolterten Zimmermann (Jesu) das Kreuz als ein grüner Lebensbaum dargestellt wird. Dieser Baum an sich ist nur schwer zu erkennen, doch finden wir in Wikipedia und anderen Broschüren die Bestätigung, dass es sich um einen „Baum“ und nicht um ein „Kreuz“ handelt.

Abb. 21: Apsis in der Herz Jesu Kirche Wels

Abend- und Morgenstern

Anstatt des roten Herzens der Herz-Jesus-Symbolik wurde vom Künstler ein 5-zackiger, sternförmiger Strahlenkranz oder auch Morgenstern geschaffen – eine Symbolik, die gerne von Freimaurern verwendet wurde. Erblickt man dieses sternförmige Gebilde, so erkennt man darin einen längeren Strahl am unteren rechten Ende.

Da die Kirchen im Allgemeinen nach Kraftlinien und Himmelsrichtungen ausgerichtet wurden, ist es ungewöhnlich, dass dieser verlängerte Strahl am östlichen Teil der Kirche genau auf das Pulszentrum des Reinbergs hindeutet.

Der Morgenstern an sich repräsentiert im christlichen Glauben den Planeten Venus, der gleichzeitig auch als Abend- und Morgenstern bezeichnet wird. Er ist ein Stern, der in vielen Religionen großen Göttern zugeordnet wurde. (64)

Randnotiz: In Rom wurde die Venus (der Morgen- /Abendstern) der gleichnamigen Liebesgöttin zugeordnet, die in Griechenland Aphrodite genannt wurde und bei den Germanen den Namen Freya (Freitag) trug.

Auch der Pulsplatz am Reinberg wird der Venus zugeordnet, doch weshalb der Morgenstern genau auf der Pulslinie liegt, scheint ein schöner Zufall zu sein.

Der Hirsch und die Taube

Rechts auf dem Gemälde befindet sich ein Hirsch, der in der christlichen Symbolik mit seinem Lichtstrahl am Geweih oft als Lichtbringer dargestellt wird und so wiederum in einen Zusammenhang mit dem Heiligen Ägidi gebracht werden kann.

Links, auf der unteren Seite des Gemäldes, ist eine Taube mit einer Traube abgebildet. Im christlichen Sinne stehen Vögel allgemein für die Beziehung zu anderen Welten. Die Taube stellt hierbei den Geist dar. (64)

Eine Interpretation der drei Symbole (Hirsch, Taube und Traube), deutet darauf hin, dass die zur Traube eilende Taube und der dürstende Hirsch das sehnsüchtige Verlangen des Menschen auf eine himmlische Nahrung (in Form einer Frucht) darstellen.

Diese Frucht liegt im Osten, in Richtung der Stadt Wels, wo sich ansonsten keine Symbole erkennen lassen. Doch wenn wir die Zahlensymbolik des Gemäldes näher betrachten, so erkennen wir einen Hinweis auf die Nachbargemeinde – in diesem Fall Marchtrenk.

Die Symbolik in den Fenstern

Claras bemerkte sofort die Besonderheit der Apsis-Fenster. Er erklärte mir die christliche Symbolik in den Glasmalereien, die auf den zweiten Blick mehr zu erzählen hatten.

Die Fenster des Kreuzganges zur Linken enthalten demnach eine Symbolik der Sehnsucht des ewigen Hügels und die Fenster rechts mit dem Lamm/Osterlamm ein „Schlachtopfer der Sünder".

Claras klärte mich über die Bedeutung der christlichen Kirchensymbolik auf. Dieses Lamm mit der Fahne der Kreuzritter bedeutet demnach nichts anderes als die symbolische Jagd eines biblischen Wolfes und der damit einhergehenden Überwindung des Todes und die Wiedergeburt eines neuen Zeitalters – ebenfalls ein Ritual bei den Freimaurern.

Ein Bild, das sich aus der Johannesoffenbarung ableitet und die geöffneten sieben Siegel sowie die Schriftrollen darstellt. (Offb. 5-7). Ich musste bei den Ausführungen des Professors an dieser Stelle etwas schmunzeln. Nun, angesichts der sieben Siegel und der auffallenden Symbolik zur Zahl Sieben in dieser Kirche wunderte mich nichts mehr.

Es bleibt mystisch und verborgen ... Vor allem auch, da die alten Freimaurer aus Wels diese Kirche bei ihren Riten des Öfteren besucht hatten. Auch der Professor war früher einmal aufgrund eines besonderen Anlasses in der Welser Loge gewesen. Doch gibt es diese Loge heute nicht mehr, sie wurde in der 70ern nach Linz verlegt.

Auf der anderen, nördlichen Seite des Kreuzganges stellte der Professor die Vermutung auf, dass alle diese Symbole zusammen das Ergebnis einer Sehnsucht zum ewigen Hügel beschreiben. (26) Dies konnte laut dem Professor im eigentlichen Sinne nur der Kraft spendende Reinberg in Thalheim sein. Angesichts dessen, dass die Kirchensymbolik in den meisten Fällen regionale Heiligtümer symbolisiert, lag seine Vermutung nahe.

In Anbetracht der Summe an Informationen, die wir aus dieser Symbolik beziehungsweise der gesamten Geschichte dieser Kirche gewonnen hatten, waren wir uns ziemlich sicher, dass diese Herz-Jesu-Kirche ein uralter, keltischer Kultort gewesen sein muss. Ein Ort, an dem früher heidnische Götter angebetet worden waren und der zudem mit anderen Plätzen wie dem Reinberg stark in Verbindung gestanden haben muss.

Ohne geomantische, energetische und radiästhetische Messungen kann hier bereits gesagt werden, dass dieser Platz, an dem die heutige Kirche thront, ein starker Exkarnationspunkt gewesen sein muss, der mit seiner Symbolik auf die Geschichte zu einer biblischen Endzeitschlacht in Richtung Osten zeigt.

Selbst Ordensbrüder und Freimaurer machten sich an dieser Kirche zu schaffen und hinterließen – wie fast an allen „wichtigen" Kirchen - ihre Symbole und Hinweise, die fast wie in Dan Brown Romanen anmuten.

Aber wir wissen auch, dass oft ein wahrer Kern in der beschriebenen Symbolik mancher Romane steckt. Genau wie in ihren bestimmten Wegweisern, geheimen Codes sowie mysteriösen Hinweisen in Kirchen, Tempeln und Museen.

Doch es ist nur zu verständlich, dass manche Menschen sagen würden, dass dies nichts mit der Realität zu tun haben kann – das wäre beinahe wie in einem Indiana Jones Film. Das Weltbild vieler Menschen würde sich schlagartig ändern, wenn sie den wahren Kern erkennen würden - und das wäre mit Sicherheit nicht geplant und ganz und gar nicht im Sinne der Logen.

Und dennoch sind solche Hinweise anzutreffen. Claras und ich wussten von der Zwiespältigkeit dieser Dinge, doch uns war auch klar, dass – wenn zu viele Zufälle in solchen Darstellungen offensichtlich sind – diese eigentlich nicht mehr angezweifelt werden können.

An der Grafik „Das Welser Pentagramm" (S. 180) wird deutlich, welche Rolle diese Kirche im Gesamtbild einnimmt.

Abb. 22: Die Herz Jesu Kirche in Wels

Abb. 23: Darstellung eines Basilisken an der Herz Jesu Kirche Wels

Die Marienwarte als männlicher Teil des Berges

Wir waren ziemlich erstaunt über die bis zu diesem Zeitpunkt angesammelte Fülle an Informationen und Symbolinhalten in dieser Kirche. Daher haben wir uns auch dazu entschlossen, mit der Diözese Linz in Kontakt zu treten, um mehr Informationen darüber zu erhalten.

Leider konnte uns der damalige Sachbearbeiter nur an das Stift Kremsmünster verweisen, wo wir auch tatsächlich Aufzeichnungen fanden, die diese spezielle Symbolkraft in Kirchenbauten erklärte.

Hier fanden wir auch unsere erhoffte Bestätigung, dass die Kirche mit diversen Orden an verschiedenen Kirchen bewusst Symbole platziert hatte, dass also eine absichtlich „zufällige" Anordnung von diversen Symbole in der Architektur ausgewählt wurde.

Meist handelte es sich um christliche Symbole, die mit den freimaurerischen vergleichbar waren. Die gefundenen Aufzeichnungen bestätigten uns außerdem den Zusammenhang mit regionalen wichtigen Punkten, die immer wieder in den Kirchenbauten aufgegriffen werden.

Kaum verwunderlich also, dass beispielsweise zwischen der Herz-Jesu-Kirche in Wels, dem Reinberg und Marchtrenk eine Verbindung bestehen könnte.

Zur Herz-Jesu-Kapelle fanden wir auch eine wichtige Notiz, die aus dem allgemeinen Teil dieser Niederschriften hervorgeht. Demnach sollen an solch „wichtigen Kirchen" auch Symbole mit Bezug zur Stadt- oder Viertelgründung eingebaut worden sein.

Im Fall der Herz-Jesu-Kirche konnte man wohl nur in den Reihen der Opus Dei („Werk Gottes") fündig werden.

Von dieser 1928 gegründeten römisch-katholischen Einrichtung, die seit 1982 offiziell „Prälatur vom Heiligen Kreuz und Opus Dei" heißt, wussten wir, dass sie sich speziell an den Herz-Jesu-Kirchen zu schaffen gemacht hatte.

Meist war es das Ziel, die damals verbotene Herz-Jesu-Gesellschaft (eigentlich: „Die Gesellschaft vom heiligen Herzen Jesu") auf einem Kraftplatz zu symbolisieren.

Was jedoch nicht immer geschah, da die zuständigen Pfarren/Pfarreien solche Bau- und Gestaltungspläne nicht zugelassen haben. Bei den Erklärungen zu der Besonderheit dieser Kirche und dass diese auf der Pulslinie liegt, wurde uns zunehmend auch die Wichtigkeit des Reinbergs bewusst. Folglich führten wir unsere Recherchen am Reinberg fort.

An einem besonders markanten und nicht zu übersehenden Platz am Reinberg, folgten wir dem Wanderweg bis nach oben. Dort steht erhaben, dank dem Verschönerungsverein für Wels und Umgebung, seit dem Jahre 1789 die 22,8 m hohe sogenannte Marienwarte. (27)

Abb. 24: Die Marienwarte am Reinberg

Diese Warte liegt nordöstlich vom Pulsplatz auf 20 Grad S/O. Die Quersumme von 20 ist 2 und betrachten wir diese Zahl 2 im selben Sinne wie an den anderen Plätzen, so erkennen wir die Zahl der Entzweiung. Ein Prozess, der uns durch die Zahl 1 als Einheit erst offenbart wird.

In diesem Sinne stellt die Zahl 2 die Zahl der Offenbarung dar. Ein Vorgang, in dem aus Licht und Dunkelheit das Gute und Böse geformt wird. Ein Vorgang der dualen Vervollkommnung, der sich mit dem Gegenpol der weiblichen Seite, dem Pulsplatz, ebenso bestätigt.

Ebenso konnten wir bei den weiterführenden Untersuchungen des Platzes herausfinden, dass durch die Marienwarte (mit einer kleinen Abweichung) eine Leylinie in Richtung Wels hindurchgeht.

Eine Leylinie, die sich durch die Pfarrkirche Wels, die Evangelische Pfarre bis zum Doppelgrabenwald hindurchzieht und die in der Heiligenkreuzkirche in der Nähe von Kremsmünster beginnt.

Die Bruckhofkapelle

Nach diesen Erkenntnissen konnten Claras und ich nun unsere Theorie weiterverfolgen. In den Augen eines Kelten wurde jetzt der (versunkene?) Tempelort in der Anderswelt aufgesucht, um die reine Erkenntnis zu erlangen. Claras war verblüfft, vor allem, da er als Freimaurer es gewohnt war, eine immerwährende „Erkenntnis“ hinter verschlossen Türen des Geheimbundes zu finden.

Nun, mit dieser Erkenntnis konnte der Suchende, oder auch der Druide des Keltenreiches, an der weiblichen Seite des Berges wieder hinabsteigen in die heutige sogenannte Bruckhofkapelle zum Orakelort. Diese Kapelle wurde im 18. Jahrhundert errichtet. Ein besonderes Merkmal finden wir im Boden der Kapelle. Dort befinden sich Steine aus der naheliegenden St. Ägidius Kirche in Thalheim.

Die Umgebung dieser Kapelle offenbart uns auch einen kräftigen Zugang in die Anderswelt, der mit rund 25.000 Bovis-Einheiten gemutet wurde und mit einem kosmischen Einstrahlpunkt des Mondes gestärkt wird. Der Mond selber ist angeblich der Sitz von geistigen Mondwesenheiten, die zu den Urlehrern der Menschheit zählen. (37) Dieser Zusammenhang legt auch nahe, dass dieser Ort als eine Art Orakelort genutzt wurde.

Diese Kapelle liegt am westlichen Ausläufer des Reinbergs in 34 Grad zur Süd-West-Achse. Die geomantische Ableitung und Bedeutung der Zahl 34 ergibt die Zahl 7 (Quersumme).

Aus meinen Recherchen zum Untersberg möchte ich auch hier noch einmal auf die wichtige Zahl Sieben eingehen. So hatte ich geschrieben, dass diese heilige Zahl die 7 Welten und die 7 alten Götter darstellt.

Man könnte noch viel mehr über diese Zahl berichten, Doch wollen wir uns wieder auf diese Kapelle fokussieren, die nebenbei bemerkt ganz zufällig 0,7 km Luftlinie entfernt liegt von der Ägidikirche Thalheim und 0,34 km Luftlinie entfernt vom Herzzentrum von Wels, dem Pulsplatz am Reinberg.

Da wir bei dieser Bruckhofkapelle nun die gemutete Entsprechung eines sogenannten Orakelortes vorfinden können, würden in diesem Zusammenhang nun auch die zuvor genannten Plätze mit der Entfernung der Quersumme 7 einen Sinn ergeben.

Wie bereits beschrieben, haben wir bei der Zahl 7 die Entsprechung der Ganzheit und der Fülle, die mit dem Himmel und der Erde in Verbindung steht. Von keltischen Kultorten und deren Platzierung wissen wir, dass solche „sakralen" Orte bewusst erwählt wurden.

Nun finden wir in einem Abstand zur Quersumme 7 folgende Orte:

- Die sogenannten Ägidikirche, die wiederum eine starke Brücke in die Anderswelt darstellt und als Kraft des Alleinseins bestimmt werden könnte.
- Das sogenannte Herzzentrum von Wels, das einen Zusammenhang mit den einzelnen Andersweltpunkten in Thalheim und den geomantischen Kreuzungslinien in dieser Umgebung darstellt
- Den Pulsplatz am Reinberg, der einen Forscher und Erfindergeist und schlussendlich die reine Erkenntnis seines Wissens offenbart.

All diese Orte haben ihre eigene energetische Entsprechung und bilden somit die Summe oder auch gebündelten Kräfte für die Bruckhofkapelle ab. Sie sind schlussendlich ein Ort für das Orakel der Zukunft, der Gegenwart und auch der Vergangenheit.

Sie gewähren einen möglichen Blick in andere Zeitlinien der Anderswelt, wo mitunter die einzelnen Kräfte der anderen Plätze notwendig sein könnten, wenn man zuvor den Einweihungsweg durchschritten hat.

Claras und ich waren uns auch diesmal einig. Selbst am Kraftplatz des Untersbergs haben wir dieselben Entsprechungen als Erklärung für „Das Geheimnis des Untersbergs" vorgefunden. Dies möchte ich in folgendem Kapitel, meinem Beitrag aus dem Onlinemagazin www.mystikum.at, näher erklären.

△

Exkurs zum Untersberg

Abb. 25: Der Untersberg

Berge haben uns Menschen zu allen Zeiten fasziniert. In der Frühzeit waren sie heilig als Sitz der Götter. Aber auch bis in die Neuzeit hinein hatten die Menschen Scheu davor, sie so einfach zu besteigen. Zu stark war der Einfluss einzelner Berge auf das Wohl und Wehe einer Region oder eines Tales.

Der Untersberg auf der Grenze zwischen Bayern und Österreich, in Sichtweite der Stadt Salzburg, ist ein spezieller Ort. Er gehört zu den Bergen, die von Mythen und Geschichten umrankt sind, ähnlich wie z. B. der Kyffhäuser. Dabei ist er noch nicht einmal sehr hoch. Sein Gipfel, der Berchtesgadener Hochthron, hat 1972 Meter Höhe.

Markant ist jedoch seine steil abfallende Felsmauer, die wie eine archaische Burgmauer aussieht. Faszinierend ist auch der weite Rundblick bis zum Alpen-Hauptkamm. Geologisch gesehen ist der Untersberg ein reiner Kalksteinberg, ein oben flacher, aus der Ebene aufragender „Kalksteinhaufen".

Das Gipfelplateau ist voller Dolinen. Das Wasser läuft durch den Berg hindurch und hat ein riesiges Höhlensystem ausgewaschen, das erst in jüngster Zeit erforscht wurde. Dieses Höhlenlabyrinth ist auch sicher die Ursache für die vielen Sagen und Mythen, die man sich über den Berg erzählt. Immer wieder hört man von verschwundenen und zum Teil nach vielen Jahren wieder auftauchenden Personen, von Zwergen und Riesen und natürlich dem guten Kaiser. (65)

Es ist allgemein bekannt, dass der Untersberg bei Salzburg sehr viele Geheimnisse birgt. Es handelt sich offenbar um eine Welt, in der mitunter Verschwörungen und Mystik wie Geheimnisse und Realität miteinander verschmelzen.

Unzählige Heimatforscher, Schamanen, Verschwörungstheoretiker, Esoteriker, Geomanten, Radiästheten, Geheimgesellschaften etc. haben sich in der Vergangenheit und Gegenwart mit dem Mythos des Berges und den Geschichten, die sich seit Jahrhunderten um ihn ranken, beschäftigt.

Sie alle sind dem Untersberg sehr verbunden. Er ist wohl der sagenträchtigste Berg an der deutsch-osterreichischen Grenze, mit einer ihn umgebenden Aura von Geschichten und Theorien, aber auch von Prophezeiungen einiger Seher.

Man hat ihm Namen gegeben wie „Mitternachtsberg" oder „Odinsberg", aber auch noch andere wie zum Beispiel „Herzchakra Europas", wie ihn der Dalai Lama 1992 bei seinem Besuch in Salzburg nannte. Diese Namen enthalten wichtige Hinweise für Autoren und Forscher, die sich bemühen, dem Geheimnis des Berges, das im Laufe der Jahre entstanden ist, auf die Spur zu kommen.

Tipp: In meinem Buch „Magischer Dreisesselberg: Von Klangsteinen und besonderen Plätzen im geomantischen Fokus“ beschreibe ich das Gegenüber vom Untersberg – den Dreisesselberg (Mittagsberg)

- Mitternachtsberg – Untersberg
- Mittagsberg – Dreisesselberg

Anderswelterfahrungen und Selbstfindungsprozesse, Zugang zu anderen Dimensionen, Zeitreisen und selbst erlebte Zeitanomalien waren und sind für viele Menschen bereits Anlass, zu forschen und Bücher zu schreiben!

Meine eigenen Erkenntnisse und Erfahrungen sowie die Ergebnisse meiner Forschungen und Recherchen haben gezeigt, dass dieser Berg – dieses Herzzentrum – ausschlaggebend ist für den Wandel, in dem wir uns allesamt befinden bzw. dass er in diesem Zusammenhang eine bedeutende Rolle spielt.

Wir leben in einer Zeit zusammenbrechender Glaubens- und Wirtschaftssysteme, sind beeinflusst von Medien, Politik und wirtschaftlichen Interessen und Machtspielereien. Seien Sie ehrlich – jeder von uns ist doch in Berührung mit diesem Wandel, der ansteht oder in dem wir uns alle bereits befinden. Ja, jeder persönlich spürt auch diesen Umbruch in seinem Umfeld!

Rasante Entwicklungen im Berufsleben, eine immer zunehmend schnellere Lebens- und Arbeitsweise sowie eine Unzahl an Informationen, die unser Bewusstsein bald gar nicht mehr alle verarbeiten kann, die aber tagtäglich auf uns einstürzen.

Die Erfahrungen haben gezeigt, dass es am Untersberg Zugänge gibt. Nicht nur Zugänge im Sinne von Höhleneingängen in den Berg, sondern Zugänge, die uns dabei helfen und uns dabei unterstützen, durch diesen Prozess zu gehen. Es sind Zugänge zu Welten, die uns zeigen, wie die wahre Herzenskraft aktiviert und in unser Leben miteingebunden werden kann. Welten, die uns die eigenen Schattenseiten spiegeln und für Transformation sorgen, wenn wir den Zugang finden. Das ist nach meiner Erkenntnis das, was an diesem Platz passiert.

Geomantische und radiästhetische Untersuchungen mit verschiedensten Methoden haben gezeigt, dass es hier tatsächlich überdurchschnittlich starke Energien gibt. Energien, die so stark sind, dass sie sich in dieser Form am Untersberg manifestieren können.

Es gibt einige sehr namhafte Untersbergforscher, die sich bereits genau mit diesem Thema auseinandersetzen und für Aufklärung sorgen, indem sie Vorträge halten, Bücher schreiben und die Menschen aufklären.

Es geht also darum, dem eigenen Herzen zu folgen, seinem Gefühl zu vertrauen und sich dem Leben hinzugeben! Es gibt dafür Zugänge an diesem Berg, diese zu betreten erfordert jedoch einiges an Arbeit an uns selbst.

Wir müssen den Weg gehen vom Zentrum des Herzens der Welt in das Zentrum des eigenen Herzens. Es ist gleichzeitig eine Reise in das Innere der Erde, ein Eintauchen in Mikrokosmos und Makrokosmos. Die Erde als Lebewesen zu betrachten mag doch in der heutigen Zeit gar nicht mehr so abstrakt klingen, oder?

Jetzt stellen wir uns aber die Frage:

Wenn die Erde ein Lebewesen ist, mit einer Hülle, einem Inneren sowie einem eigenen Bewusstsein, also wie auch der Mensch an sich, dann sollte diese Erde doch auch ein Zentrum haben? Ein Herz und aber auch einen Zugang zu diesem Herzen. Ist das trotzdem ein etwas seltsamer Gedanke?

Jules Verne, schrieb bereits vom Mittelpunkt der Erde, andere von der hohlen Erde. Es gibt unzählige Theorien und Gedanken über ein Innerstes unseres Planeten mit einem Zentrum. Nicht nur in Europa, sondern weltweit und schon seit Jahrhunderten sind die Menschen von diesem Thema fasziniert.

Was wäre jedoch, wenn dieses Zentrum tatsächlich existiert? Wenn es nur eine Frage der Zugänge ist, wie man dorthin gelangen kann? Was ist, wenn man das Zentrum der Erde nur mit reinen Herzen betreten kann? Wäre das an sich zu fantastisch, oder real?

Es hört sich doch fast an wie ein Paradox, das uns umgibt. Was ist die Realität, die jeder einzelne Mensch von uns selbst und persönlich erfährt? Was ist die Wahrheit?

Die Realität ist ein Paradoxon zwischen dem Konsens der eigens in der Vergangenheit erlebten persönlichen Erfahrungen in Symbiose mit den Prägungen, die er erlebt hat. Jeder Mensch erschafft sich dadurch seine eigene Realität in unserer doch allzu kleinen Welt mit einer riesigen Spielwiese an Informationen!

Ist falsch nun falsch oder wahr und falsch? Existiert jenseits unseres Bewusstseins eine in sich widersprechende, dabei doppeldeutige Logik im Zusammenhang von Wissenschaft und Logik einerseits, Gefühl und Spiritualität andererseits?

Dieses den menschlichen Geist begründende, also auch das Denken und Fühlen bestimmende Paradoxon ist nun genau das Thema! Es ist die letzte Erkenntnis aus diesen Erfahrungen, aus den Erfahrungen auf einer Reise ins Herz der Erde, zum Mittelpunkt der Welt und dabei gleichzeitig zum eigenen Herzen! Wie sich der Wandel entfalten wird, liegt bei jedem Einzelnen.

Und dies sind ebenso die einzelnen Hürden am Untersberg. Hürden, die es wohl zu meistern gilt, wenn man sich dem Mysterium des Spiegelbergs annähern will oder ebenso Orakelorte nutzbar machen möchte.

1. Hürde – Die Innenschau

Dem Menschen wird gezeigt, dass der Beginn damit anfängt, nach innen zu sehen, um zu erkennen, wer man tatsächlich ist und was einen ausmacht.

2. Hürde – Sperre des Weges

Beim Erkennen der eigenen Identität und Aufgabe wie auch den dunklen und hellen Seiten der einzelnen Persönlichkeit, wird meist die dunkles Seite aufgerufen hervorzutreten, um aufgelöst werden zu können. Hierbei sperrt man sich meist unbewusst vor der Heilung.

3. Hürde – Der Rückweg ins Bekannte

Bei der Spiegelung der einzelnen Themen aus den ersten beiden Hürden ist die Verlockung zu groß, den Rückweg anzutreten und nicht weiterzugehen in den Kampf der eigenen Schattenseiten.

4. Hürde – Altes loslassen und Liebe annehmen

Um neue Erkenntnis annehmen zu können, bedarf es der Kunst, Altes loszulassen. Egal, ob Wut, Groll, Trauer oder Schmerz in jeglicher Hinsicht.

5. Hürde – Rückschau in die Vergangenheit

Der Rückblick in die Vergangenheit nach dem Erlangen der fünften Stufe erweist sich oftmals als größte Herausforderung. Hier wird alles durchlebt und gefühlt, was ihr anderen und euch selbst angetan habt.

Nun, selbst am Reinberg bei Wels haben wir in diesem Sinne 5 Hürden (Etappen) des keltischen Einweihungswegs, jedoch mit etwas abweichenden Entsprechungen. Doch es ist faszinierend, dass sogar am Reinberg selbiges existiert. Eine Existenz, die heute verloren zu sein scheint, aber zu früheren Zeiten aktiv genutzt wurde (zum Beispiel von den Kelten)

Oder ist das alles nur Stumpfsinn und eine zufällige Anordnung von solchen Dingen auf verschiedenen Plätzen wie beispielsweise dem Reinberg und dem Untersberg?

Nun, wenn wir schon von Zufällen sprechen, sollte auch der Walser Birnbaum am Untersberg erwähnt werden.

„Denn, wenn es bereits zufällt, sollte es ebenso betrachtet werden.“

△

Der heilige Birnbaum in der Welser Heide

„So erkennen wir den dürren Birnbaum meist an seiner Geschichte."

Bei unseren Forschungen zum Reinberg bei Wels erkannten Claras und ich faszinierende Zusammenhänge zwischen Wels und Wals. Diese Zusammenhänge sollen auf den folgenden Seiten beschrieben werden.

Der Walser Birnbaum

Legenden zufolge gehört der „dürre Birnbaum" zu den weltweiten Schlachtbäumen mit ihrer Erzählung von Endzeitkriegen an besonderen Plätzen. (28)

Die Geschichte der vielen Sagen aus dem Salzburger Raum ist durch Untersuchungen zur Sage vom schlafenden Kaiser am Untersberg ziemlich aufgeklärt. Ihre Anfänge dieser Erzählungen liegen im Osten und spannen sich fast über den ganzen Globus. Doch nirgends ist diese Sage des dürren Birnbaumes so kräftig ausgebildet wie am Untersberg.

Der eine Birnbaum auf dem Walserfeld oder auch der Walser Heide bei Salzburg, der „Walser Birnbaum", erzählt uns als ein Naturdenkmal einiges über die Geschichte, aber auch über die mögliche Zukunft. Er ist ein Denkmal, das an die Schlacht zwischen den französischen und kaiserlich-österreichischen Truppen im Jahre 1800 am Walserfeld erinnern soll. (44)

Dieser Baum in Wals tritt erstmals 1564 urkundlich in Erscheinung. Es war kein anderer als der ehemalige Knecht des Stadtschreibers von Reichenhall, Lazarus Gitschner, der um 1530 am Untersberg eine geheimnisvolle Inschrift in einem Felsen abgeschrieben hatte.

In verschiedenen Überlieferungen wird berichtet, dass Lazarus Gitschner einst einen Mönch im Inneren des Untersbergs gesehen hatte, der ihm einen Hinweis zum „Birnbaum“ und der großen Schlacht offenbarte, die beginnen soll, sobald dieser zu blühen beginnt.

Diese Schriftstücke werden im „Salzburg Museum“unter der Archivnummer „Hs. 2398“ aufbewahrt und enthalten 21 Illustrationen. Neben der Pegius-Handschrift gelten die Aufzeichnungen von Lazarus Gitschner als ältester Beleg zu der Sagenwelt rund um den Untersberg wie dem Walserfeld.

Unter den vielen Sagen und Legenden über diesen „Walser Birnbaum“ ist wohl die von Karl dem Großen die bekannteste. Karl der Große soll angeblich im Untersberg schlafen und zu gegebener Zeit, wenn sich sein Bart dreimal um den runden Tisch geschlängelt hat, auf dem Walserfeld die Endschlacht zwischen Gut und Böse schlagen. (30)

Abb. 26: Der Birnbaum auf dem Walserfeld

Der Volkskundler Jacob Grimm sagt in seinem Werk „Deutsche Mythologie“:

„Das Walser Feld hat einen dürren Baum, der schon dreimal umgehauen wurde; seine Wurzel schlug immer aus, daß ein neuer vollkommener Baum daraus erwuchs, wenn er wieder beginnt zu grünen, da naht die schreckliche Schlacht, und wenn er Früchte trägt, dann wird sie anheben, Friedrich (Kaiser Barbarossa) hängt dann seinen Schild an den Baum; alles wird hinzu laufen und ein solches Blutbad sein, daß den Kriegern das Blut in die Schuhe rinnt; da werden die bösen von den guten Menschen erschlagen.“

Anmerkung: Zunächst sah die Bevölkerung im Kaiser Friedrich I. Barbarossa, später dann erst Kaiser Karl den Großen.

Lazarus Gitschner und die Reichenhaller Handschrift

Bei unserer Recherchen fanden wir bezüglich der sagenhaften Gestalt des Lazarus Gitschner eine Abschrift des Stadtheimatpflegers Fritz Hofmann (1925-2008), der eine Kopie des Originals anfertigte, welche heute noch in den Beständen des Stadtarchivs Bad Reichenhall als „Reichenhaller Handschrift“ einzusehen ist.

Folglich sollte auch diese Abschrift zum besseren Verständnis der Lazarus-Legenden sowie zur Endzeit und den Untersbergkirchen hier nicht fehlen.

Reichenhaller Handschrift

fol. 1^{r}

Eine
schöne Geschicht oder
Von dem Untersperg wie
Folgt:

In dem Jahr Anno 1522 bin
Ich Lazarus zu Reichenhall
bei dem Stadtschreiber im Dienst verpflichtet ge-
Wesen. Da hat es sich begeben, das [unser 5 Personen als]
Ich und mein Herr der Stadtschreiber, der

fol. 1^{v}

Herr Stadtpfarrer, der Herr Pfleger und
Sonst ein anderer Burger zu Reichenhall sein
alle 5 auf dem Untersperg gangen, eben da sein
wir kommen in ein Loch, so in dem Berg ist eingehaut,
da ist eine Schrift mit Guldenen Buchstaben
geschrieben, doch mit alten Buchstaben, eben wie
sie hernach stehen:

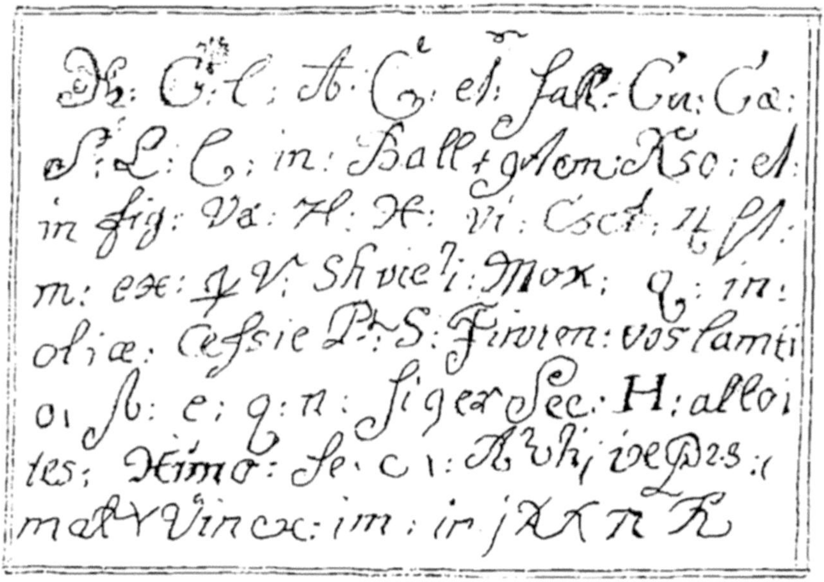

Abb. 27: Handschrift

fol. 2r

Und da wir wiederum seynd heimgekommen Gegn Reichenhall, da haben sye von der Schrift gerödet und haben mich gebetten, ich Sollte hinauf gehen und ihnen abschreiben, voraus der Stadt-Pfarrer und mein Herr der Stadtschreiber. Die haben mich insonderheit gebetten. Und ist geschechen an den lezten unser Frauen Tag in dem Horbst, und bin also alleinig hinauf gegangen auf dem Untersperg und habe diese Schrift abgeschrieben in den Loch oder Kapellen. Und wie ich das gethann hab, da ist es also gleich Abend Worden. Und ist geschehen an einem Mitwoch

fol. 2v

abends, das ich nit mehr hab haimgehen mogen. Da bin ich aber uber Nacht auf dem Berg ausser an der Wandt des Loches sitzen blieben. Eben an dem Pfingstag fruhe, wie ich hab wollen herabgehen, da bin ich auf Pertholsgadten werths gangen, und habe also in die Weitten umgeschaut und habe einem barrfueßern Munnich vor mir stehen gesehen, der hat in einem Pfaffenbuech gebettet und hatte eine grosse Burth Schlussel auf der Axel getragen und hat zu mir gesagt: Wo bist du gewesen oder wo wilst du auß? Hast du geßen oder hungert dich? Und da ich ihme alle Meinung habe gesagt, da hat er zu mir gesprochen: Gehe mit mir! Ich will dir zu essen geben und

fol. 3r

dir das jenige alles zeigen oder weisen,[1] *was oben im Loch oder Kapellen ist eingebaut. Darnach seynd wir nit weit von der Stadt, wo wir miteinander gerödet haben, aufwerths gegen dem Hochen Thron gangen. Da seynd wir kommen an ein ganz eisernes Thor, das hat der Munnich aufgesporret mit einem Schlussel aus der Burth, welche er getragen hat. Und biß an das Thor haben wur ein Tagliecht gehabt. Da hat er mich mit ihme hineingefuhrt, hab mich auch nicht geforcht, noch etwas Sonders gedacht. Und bey dem Thorr hats eine stainerne Panck gehabt. Da sagt er zu mir: Da log du deinem Hueth nider, den magst du wiederumb heraus aufsetzen. Und sagte zu mir ferners: Lazarus, dieweill du darinnen bist, so sprich zu niemand nichts kein Wort. Gieb auch niemand kein Antworth, sye sagen, was sye wollen. Aber mit mir derffts du wohl röden, mich auch fragen, was du nur sichest oder horest, morck auch. Eben mit diesem Wortten seynd wir durch das Thorr hineingangen. Da ist ein Hocher Thurn gewesen und eine Uhr daran mit Gold wohl gezierth. Und der Munnich sagte zu mir: Schau Lazarus, auf welcher Stund der Zeiger stehet! Und er ist gestandten auf sieben Uhr. Und als ich wiederumb fur mich geschauet habe, da habe ich vor mir stehen gesehen ein sehr schonnes herrliches Kloster mit einem*

[1] Zeile nachträglich eingeschoben.

*fol. 4^r^*

grossen koppeten Glocken Thurn, ligent auf einer schonnen Wiesen. Und bey dem Kloster ist ein schonner kalter Brunnen. Auch fast guet ligen auf einer schonnen weitten Wiesen, fliessen zwo Rohren in einem Marmolsteinernen Grand. Umb das Kloster ist ein schonner schwarzer Wald. Außer umb und umb sind auch schonne Obstbaum mit allerley guetten Fruchten, von Aepfflen und Piern und andern Obst da gewesen. Da seind wir hineingegangen in das Gebey und seynd kommen in eine Kirchen, die ware so lang und so weith, daß ich von der hintteren Kirchen Thur auf dem Chor nit wohl habe sehen konnen. Da führt er

*fol. 4^v^*

mich hin fur zu dem Sacramenthaus und hieß mich betten und er kniet mit mir auf einem Schammel und bettet. Darnach führet er mich hinter und hieß mich nidersitzen in einem Stuell und sagte darauf zu mir: Lazarus, da bleibe, bis ich wiederumb zu dir komme und dich hinfur fuhre. Und sagte ferners zu mir: Die Kierchen hat mehr dan 200 Altare und auch mehr dann dreissig Orglen, ohne alle andere Instrumenten von Harpffen, Poßaunen, Klarinneten, Flotten, Lautten, Geigen, auch Pfeiffen und anderen Musikalischen Gesängeren. Und ich sasse nieder in dem Stuell nachent bey

*fol. 5^r^*

einer Stiegen. Da giengen bey mir herab der Munnich mehr dann dreyhundert Parr in Holz-Schuechen und schauten mich eben an. Und sye giengen hinfür auf dem Chor und hueben an zu halten die Kierchengebräuch, wie mann solche in dem Thumbstüften mit Horassen zu singen pflegt, mit großer Andacht Gott zu Ehren. Darauf kamme alsogleich eine große unzahlbare Scharren des Volcks, als man anhueb zu leithen, und sye waren bekleidet mit hochzeitlichen Kleideren. Mann hueb auch an auf allen Altären Möß zu halten, mit dem mann das Hochambt sunge. Mann schluege

*fol. 5^v^*

auch auf allen Orglen, die vorgenannten Instrumenten und mit Singung deren Gesangeren, auch mit allem Saidtenspiellen, also süeß, das ich vermeinet habe, alß wäre ich im Himmel. Und also war der Gottesdienst vollbracht, darnach gienge alles Volck wiederumb aus der Kierchen. Und da kamme der Munnich wiederumb zu mir und sprache: Lazarus, bleibe noch da, mann will anietzo zum Essen gehen! Und also bliebe ich allein in der Kierchen bis auf 12 Uhr. Darnach, wie es 12 Uhr geschlagen hat, darnach kamme der vorbesagte Münnich wiederumb zu mir und führete mich hinauf über

*fol. 6^r^*

eine Stiegen, dabey ich gesessen war. Diese Stiegen hette nur acht Staffel. Die gieng auf ein Mueß-hauß, da ware zu beyden Seithen voller hocher Wuntterfenster, aber ungeglast. Da sache mann hinab auf die schonnen weit-en Wießen, darauf das Kloster lag. Und wuder auf demselben Mueßhauß fuhret er mich durch eine Thur hinein in ein Convent, das war eben gewolbet, als wie das Mueßhauß, auch mit solchem Fensteren gemacht. Darinnen stunden lange Tisch, und zunegst bey der Thür sezte er mich zu einem aufgerichten Tisch und sagte zu mir: Da bleibe, ich will dir zu essen bringen. Und dieweill er fortgieng, da schauete ich hinauß. Da sache ich grosse Scharren Volks über

*fol. 6^v^*

den Anger hin- und hergehen, von einem Wald zu dem anderen. Er brachte mir zu essen: Krauth, Fleisch und Gersten und ain Laibel Brodt; auch ein einem Bocher Wein, ungefehrlich bey ainem Massel. Und der Bocher war zunnen, auch die Schissel. Und alß ich habe geßen und getrunken, schafte er mir, ich sollte GOTT darumb dancken. Darnach fuhrt er mich wiederumb in die Kirchen voller Volcks, wie in der Fruhe, und darnach haben wir die Nonn gehabt. Nach deme führete er mich wieder-umb in das Convent, gleich gegenüber das Mueß-hauß in ein Luberey, die ware auch zu beyden Seithen voller Fenster, doch ungeglast, dardurch mann auch sehen kunte die Leuth uber den Anger hin- und hergehen von einem Wald zu dem anderen.

fol. 7r

Ich fragte ihne, dem München, wär sie diese Leuthe waren. Da sagte er zu mir, es seyen alte Kayser, Konig, Bischöffe, Ritter und Fursten und andere guette Leuth, die dem Khristlichen Glauben zu seiner Zeit werden helffen, errotten. Und die Kirchen, die ich sache, die waren nur von Baumbrindten gemacht und aus Heutten, auch mit alten besten Buchstaben geschrieben. Ich kunte es ubel lesen, aber er lase mirs, was sye in sich hielten, mit ihren Verstandt, welches ich lässe auch die Schrift mit silbernen Buchstaben, wie ich oben im Loch oder Kapellen abgeschrieben habe, die er, Munnich, mir gezaigt und gelesen hat, die waren auch in der Latein geschrieben. Damit ware es Vesperzeit, mann leithet und gieng zu der Vesper. Die ware eben gesungen mit grosser

fol. 7v

Andacht, mit Orglen, auch anderen musicalischen Saittenspillen. Nach der Vesper gab er mir abermahl zu essen an der alten Statt im Convent wie ehevor. Darnach giengen wir zur Komplet, die waren begangen wie die Vesper. Und als diese Complet vollendet ware, da waren alle Münnich bereith mit Liechteren und Latterneren, item geordnet zwey und zwey, und giengen dem Hochen Thron zu, dardurch ich herein gegangen ware. Da hat es an beyden Seithen eyserne Thuren, die waren verschloßen, in jeden Seithen socks. Da sagt mir der Münich: Durch diese Thur gehet mann gegen Sanct Bärtlmae bey Berchtoldsgaden, durch diese Thur gehet mann [gehet mann] nacher Salzburg in dem Thumb gehn

Sanct Ruepert, durch diese Thür gehn Feldkürchen, durch diese Thür gehet mann gegen Sanct Zenno.[2]

fol. 8ʳ

Durch diese Thur gehet mann gehn Sanct Michael in die [...][3]*, durch diese Thur zu unserer Lieben Frauen auf die Gmain, durch diese Thüre gehn Sanct Peter und Paul bey Reichenhall, durch diese Thür gehn Sanct Peter auf Salzburg, durch diese Thur gehn Sanct Maximilian, durch diese Thür gehn Sanct Georgy in Hallein, durch diese Thur gehn Sanct Dionisy. Und wir giengen dieselbige Nacht gehn Sanct Bärtlmae bey Pertholsgaden in einem Gang so weith, als alle Weeg drey und drey neben einander gehen mogen. Und wie oft es ein ebene*[4] *Meill hat, so oft hat es drey Stäffel. Und er sagt zu mir am gehen: Jetzt gechen wir tieff untern See, da kommen wur ausgespörter in die Kürchen hinter*

fol. 8ᵛ

dem Altar und singen die Mötten.Und nach der Mötten giengen wir wiederumb haimb in dem Untersperg. Und da wir waren haimb kommen, da ware es Zeit zu der Prim zu singen. Und also ist es andere Tag zuegegangen wie dem ersten, mit allen Kurchengebreuchen, auch alle wegen die Kirchen voller Volcks. An der anderen Nacht seynd wir gehn Salzburg im Thum gangen. Und wie wür in Thumb seynd kommen und haben angefangen, die Mötten zu singen, hatten sye uns bald erwischet,

---

[2] Zeile nachträglich eingeschoben.

[3] Auslassung

[4] Das Wort „ebene" auf Rasur geschrieben.

den wie der Munnich hat zuegesporret, da hat der Moßner angefangen zu leithen, und seynd in Thumb bey der hintteren Thur aus- und eingangen. Und die dritte Nacht seynd wir wiederumb gehen Perthol-sgaden gangen, auch dasjenig verrichtet, wie vor und

fol. 9ʳ

Haimb in den Untersperg, wie in den vorigen Tag. Die vierte Nacht seynd wir gangen gehn Sanct Maximi-lian, die fünfte Nacht seynd wir gangen gehn Sanct Peter gehn Salzburg, die sechste Nacht seynd wir gangen zu unser Lieben Frauen auf die Gmain. Und als wir nun miteinander unter diesen Tagen in der Luberey waren und lesten von denen alten Geschichten und von denen künftigen Weissagungen, so hat er mir viel ge-sagt, wie es sich in der Welt noch ferners wird zue-tragen: Krieg, Hunger und Theuerung, Pestilentz und gachen Todt, wie in der Latein hierin geschrie-ben stehet. Und als wir von solchen Dingen rödeten und schaueten beynebens durch die Fenster hinauß auf die schennen Wiesen und schaueten die vorüber

fol. 9ᵛ

gechenden Scharren Volcks an, alda gienge ein Kayser daher unter dem Volck. Der hatte eine gul-derne Kron auf dem Haubt und truege einem keyserlichen Scepter in der Handt und hatte einem grauen Bardt, der gienge ihme hinab über die Knie; auch andere Manner, Herren und Frauen, kleine und große. Da fragte ich dem Münnich, wer sye waren. Da sagte der Münnich zu mir, es waren alte Kayser. Und der dorthen gehet mit dem langen Barth, den du siehest, der ist der Kayser Friederich, welcher in Walserberg verlohren ist worden. Schaue ihm wohl an, dan er ist es wie er verlohren ist worden. Auch habe ich gesechen Fursten, als Herzogen Albrecht von Münichen und seine Frau, auch dem Bischoff

fol. 10r

Leonhard von Salzburg, einem Abten von Sanct Peter, einen Probsten von Perchtolsgaden, einem Probsten von Sanct Zenno. Auch andere siche, so ich vorhero bey ihren Lebszeiten gekennet habe, gesechen, auch Reiche und Arme, Manns- und Frauenpersohnen. Da habe ich ihme gefragt, was sye hiein thuen. Da hat er die Handt aufgehebt und hat mir einem unmaßgeblichen Packenstreich in das lincke Wang gegeben, das ich demselbigen Streich mein Leben lang empfunden, auch mich nebst deme ganz zornig angesprochen und gestraft, was ich darf nach der Geheimnuß Gottes fragen. Ich sollte fragen umb was mir Noth ist

fol. 10v

zu wissen. Dann umb die Geheimnus Gottes [Gottes] darfts du nicht fragen, was sye hierin machen. Er hat mir auch mit dem Essen und Trincken ainem Tag wie dem anderen aufgewartet und gehalten. Den siebenden Tag sagt er zu mir, als wur von der Gmain seynd anheimb kommen, da sagte der Münnich: Lazarus, es ist Zeit, [es ist Zeit], das du wiederumb hinaus gehest, es seye dann sach, das du wollest gar herinnen bleibest. Das magst du auch thuen, wan du anderst es thuen wilst. Da sagte ich zu dem Munnich: Ich will wiederumb hinauß. Da gabe

fol. 11r

er Münnich mir zuvor, ehe er mich hinauß führte, Fleisch, Krauth, Gersten und ein Laibel Brodt, auch einem Bocher mit Wein, wie vor in denen anderen Tagen, und gab mir auch auf dem Weeg zwey Laibel Brodt und sagt: Diese esse am heimgehen und seye gar diemuthig, weillen du auf Erden lebest. Alsdann fuhrt er mich zu dem Thurn allwo ich herein gegangen bin, und sagte hierauf zu mir: Jetzt schaue die Uhr an! Da stunde es eben auf Sieben Uhr, als wie ich hinaingegangen bin. Und da fuhrt er mich endlich zum Thor

fol. 11v

hinauß an die Stadt, da er zu mir am ersten ist kommen, und geseegnet mich und sprach also zu mir: Lazare, schaue, das du es vor 35 Jahren niemand sagest, als lieb dir dein Leben ist. Auch nit vergiß, was du hier innen gesehen und gehoret hast. Wann sich aber diese Zeit verloffen hat, als dann magst dieses wohl sagen, denn es wurd noth seyn, das man es wissen mueß. Aber diese Ding beschreibe wohl und behalte es fleissig auf, damit mann sich hietten kann vor solchen gefahrlichen Zeiten, dann die Menschen der kunftigen Dingen

fol. 11r

und Weissagungen, so in diesem Wunderbarlichen Berg geschrieben seynd, nothwendig zu wissen seyen, wie hernach folget. Aines

Theils verzaichnet wie es wurd werden in diesem Lande, auch im anderen Länderen mit Sterben, Theuerung, Kriegslauf, so sich begeben wurd, und wegen des Glaubens, so Gott wierd verhengen über die Gottlosen und bösen Leüthe, die seinem göttlichen Willen und Wortten nicht nachfolgen, nach leben und gehorsamen wollen, sonderen nur vielmehr ihrer Wohllust anhangen und nachgehen

fol. 12[v]

und keiner Ehr noch Tugend nachfragen. Ich habe auch gelesen in diesen Kurchen, so in dem Berg liegen, das sich der Glaub nach dennen Jahren, so mann zöllen wird 1677, auf Erden ganz und gar verkehren wurd, sonderen es werden nur vielmehr alle Gottlosigkeiten, als Ehebruch, Huerereyen, unziembliche Feundschaften, Mordt, Laugnen, Luegen, da mit einen Wortt alle Hoffart so gar uberhand nehmen Würd, das Gottes Wortt nur allein mit dem Mundt und nicht mit denen Wercken, wird erkennet werden. Darumb wird GOTT also

fol. 13[r]

verhängen, das der Türck die Teutsche Nation ganz und gar uberziehen werden und die Teutschen also gezwungen werden seyn, das sye ihme Turcken willig entgegen ziechen werden. Solches wird geschechen aus gerechter Straff und Zuelassung Gottes. Item auch wird eben der Turck oben am Rheinstrom vollig erschlagen, auch die Khristen untereinander ihnen selbst Krieg machen werden und sehr große Krieg, das alles Volck wierd abgeschlagen werden, daß der Rheinstrom und dieser von

fol. 13v

ihnen wurd Bluet fluessen werden wögen so großen Mordten, wurd solches alles aus Gottes Verhangnus geschechen. Und auch wegen deren Fursten Hoffart werden die Paueren ihre Pfluegeisen zu den Kriegsrüstungen machen laßen, als zum Spiessen, Schwerdteren und Hellerbardten, darmit zu strebten. Es wird nit allein am Rheinstrom, sondern auch in Hischpanien, im Wellischlandt und im Bayern allenthalben große Krieg und nit allein Krieg, sondern auch sehr große

fol. 14r

Theuerung und Sterbenshalber. Wegen diesen Betrangnußen werden die Menschen ganz und gar verzagen, solcher Zwang, als wie mirs der Munnich hat angezeigt und selber gelessen hab. Es wird geschechen, das zu Saltzburg ein so erbarmliche und große Schlacht würd sein auf dem Walserfeld und umb des Glaubens halber, das die teutschen Menschen so gar verkehrt werden seyn, das die nur von dem Wortt Gottes reden und mit dem Werken guetts thuen, auch sye an einen ander[5] gar kein gleiches thuen, noch lieber zeigen.

---

[5] Die Wörter „an einen ander" auf Rasur geschrieben.

fol. 14v

*Darumben wird GOTT wieder die kleinglau-
bigen Menschen das Schwerdt ausweithen,
wie der Münnich gesagt hat, auch desgleichen
von dem Paum, so auf dem Walserfeld
stehet, den er mir auf dem Berg gezeiget hat
mit seinem Finger: Siche Lazare, an dem
selben Paum, der dort stehet auf dem Feld,
der ist schon ein sehr lange Zeit thier gestan-
den und leztlich gar umgehauet worden.
Darnach aber durch Wunderzeichen unnd
vermittelst gottlicher Allmacht wieder-
umb auf die Wurzel gestandten und hat ange-
fangen zu griennen und also immer gegriennet.*

fol. 15r

*Aber noch zu selbiger Zeit, da er mir dem Paum
gezeiget, viel mehrers durres daran gewesen,
hat der Münnich zu mir gesagt dazumalen:
Siche Lazare, wann dieser Paum wird Frucht
bringen, als dann wird sich die Schlacht an-
fangen und der Fürst von Bayrn
wird seinem Schild daran hangen und
die Schlacht wird so gewaltig groß und
erschröcklich werden, das alles Volcke
von weitten wird zuelauffen, da der
Bauersmann mit der Reittl von dem
Pflueg, der Menner*[6] *mit der Gaisl von
den Rossen, der Handwercksmann mit*

---

[6] Die Wörter „Menner" auf Rasur geschrieben.

*fol. 15^v^*

seinem Werckzeugen, die Weiber mit ihren Röcken und Offengabel und andere ihren Werckzeugen, den christlichen Glauben zu errodten helffen. Das Volck würd alles aneinander abschlagen und erwürgen im Grimmen, das das Feld, wie weit es ist, mit Bluet wurd überzogen und überrinnen biß an die EnckHl. Was aber für Volck uberbleiben würd, hat mir der Münnich gesagt, das selbes Volck wurd nit mehr aneinander erschlagen noch erwürgen, sondern es werden von diesem Volck, so in diesem

*fol. 16^r^*

Berg wohnet, erschlagen werden, die GOTT darumben erhalt hierin mit sambt Kayser Friderich, den er selbst wird zu der Schlacht hinauß kommen und die Unglaubigen ausreitten. Er hat mir auch gesagt, wie das Volck ganz und gar wird ausgereittet werden, daß der Adel in einem Sadl darvon wierd reitten. Ein solches wierd auß Verhängnuß Gottes geschechen, das Stodte, Märckt und Dorffer werden oedt gelaßen werden, das die Füx und Wölffe ihre Wohnung

*fol. 16^v^*

darinnen haben werden. Er, Munnich, hat mir auch von Salzburg prophezeyet: Wie er gewiß weiß, so werden eben auch die Füx und die Wölff ihre Jungen unter Sanct

*Rueperts Altar in dem Thumb außzüg-
len. Ein solches würd von wegen der Men-
schen ihres Wollusts Leben und Nachläßig-
keiten der Gottesdienst und Gotteswortt
nur verrachtet von darumben geschechen und
keiner Barmherzigkeit nur zu getrösten.
Dahero soviel Übel und Blagen werden
von GOTT gesandt werden, wie dann von der ge-*

fol. 17r

*nannten Jahrzahl, wie vorgemeldet seynd
worden, nemblich als man zohlen wird
1734: 59: 65. Das solcher Unfrieden unter-
einander wird heraußkommen, das dem
gantzen Erdbodten alles Volck würdet
ausgereidtet werden. Der Münnich hat
mir auch angezeigt, das nach Kaysers Karl
Absterben zu selbiger Zeit von der anderen
Ankunft Christi den Herrn keinner ge-
lehrter kristlicher Keyser mehr seyn wer-
den. Es gob es Gott aus solchen Gnaden.
Ende*

15 Anno 22.

Der Kaiser im Berg

Vieles zur Endzeitschlacht, möglichen Zeitreisen sowie dem Walser Feld wurden bereits in der Lazarus-Abschrift beschrieben. Doch wie verhält es sich nun mit dem Kaiser? Die Erklärungen über den Kaiser, im Zusammenhang mit einer Erfüllung zu uns selbst, von Valentinus, dem einheimischen Mystiker und Forscher sollen an dieser Stelle zitiert werden:

Die Sage von Kaiser Karl

Im Laufe vieler Jahrhunderte erfuhr die Sage um Kaiser Karl im Untersberg immer wieder neue Bearbeitungen. Lesen wir die verschiedenen Fassungen, erkennen wir sofort, dass sie dem jeweiligen Zeitgeist entsprechen. So entwickelte sich nicht nur eine große zusammenhängende Geschichte vom Kaiser Karl, sondern es entstanden etliche kleinere Fassungen.

Wie die größeren Fassungen bergen diese Motive gleichfalls tiefe symbolische Inhalte. All die Versionen wurden nicht aus der Luft gegriffen oder erdichtet. Beim aufmerksamen Lesen spürt man förmlich, dass etwas Tiefgründiges hinter der Sage um Kaiser Karl verborgen liegt.

In Folge begegnen wir einigen der bekannten Motive der Kaiser-Karl-Sage und entdecken eine andere Art ihrer Deutung. Wir sehen dabei, dass letztendlich die verschiedenen Erzählungen auf eine einzige Quelle deuten. Es ist an der Zeit. Besuchen wir gemeinsam jetzt diese Quelle.

Die Hoffnung

Die Absicht der Karlssage ist unüberfühlbar, etwas zu finden, das unsere Ängste bezwingt und die Hoffnung auf eine harmonische Welt Wirklichkeit werden lässt. Die Menschen des ersten Jahrtausends nach Christus sahen in Kaiser Karl dem Großen denjenigen, der diese Erwartung erfüllt. Er war für sie die Lichtgestalt, der die Macht besaß, die Menschen in ein neues goldenes Zeitalter zu führen.

Warum wurde Karl der Große als Hoffnungsträger auserkoren?

Karl der Große war einer der mächtigsten und bedeutendsten Herrscher Europas. Seine Regentschaft war äußerst kraftvoll und vorbildlich. Schon zu seinen Lebzeiten nannte man ihn Vater Europas. Er war ein großer Förderer von Bildung und Kunst. Sein Ziel war es, eine gemeinsame Kultur unter den Völkern hervorzubringen, eine Einheit unter der Vielheit zu kreieren. Die Menschen seiner Zeit sahen in ihm den, dem es gelingen würde, den langersehnten Frieden, die gewünschte Sicherheit und die wahre Einheit zu bringen.

Was ist das Besondere an der Sage vom schlafenden Kaiser im Untersberg?

Bis in die heutige Zeit zieht diese Sage die Menschen in ihren Bann. Ja, die Erzählung des Kaisers im Untersberg scheint die Menschen mehr zu bezaubern als die der historischen Person. Begeben wir uns hinter die Kulissen der uns bekannten Sage.

Die Würde

Wie erwähnt, spiegelte Kaiser Karl schon zu seinen Lebzeiten eine tiefe Sehnsucht des Menschen. Die Sehnsucht, dass jemand kommt, der über allen Ängsten steht und sie beherrscht. Jemand, der die Geschicke des Lebens in die Hand nimmt und mutig das Leben zum Wohle aller gestaltet.

Da sich Menschen die Geschichte vom schlafenden Kaiser im Untersberg seit Jahrhunderten bis in die heutige Zeit erzählen, ist es offensichtlich ein Zeichen, dass die Zeit für sein erneutes Auftreten bisher nicht eingetreten ist. Die Menschen warten nach wie vor auf sein Erwachen.

Die Raben, deren tieferen Sinn wir etwas später erkunden werden, umkreisen, nach wie vor den Untersberg. Die Kaisersage vom Untersberg verbirgt, wie gesagt, ein anderes Geheimnis. Wir nähern uns ihr, wenn wir uns selbst ein paar Fragen stellen.

Suche ich eine Person, die alle Angelegenheiten des Lebens übernimmt und ich mir weitere Gedanken darüber erspare? Traue ich mir selbst zu, etwas Konstruktives zustande zu bringen? Halte ich es für denkbar, dass ich selbst mein Leben im positiven Sinne gestalte? Ist es für mich vorstellbar, dass in mir selbst die Würde, Kraft und Macht eines Kaisers schlummert, welche nur darauf wartet, erweckt zu werden?

Ja, bin ich bereit zu bejahen, dass ich sogar selbst der Kaiser bin, den ich in Wirklichkeit suche? Eine Version der Sage um Kaiser Karl endet mit folgenden Worten: Weshalb der Kaiser in den Berg entrückt wurde, hat noch keine Menschenseele je erfahren und ist Gottes alleiniges Geheimnis.

Die Erfüllung

In diesem Sinne. Bist du bereit, die Welt der bekanntesten Sage des Wunderbergs von einem anderen Blickwinkel aus zu sehen? Hast du den Mut, die Schleier Gottes zu lüften, um ein Geheimnis zu entdecken, das sich hinter der Sage verbirgt? Warum hat Gott Geheimnisse? Ist er gar ein Knauserer?

Gott ist das Sein, die Quelle, die Essenz, die Existenz selbst. Gott hat es nicht nötig, Geheimnisse zu haben. Vielmehr ist es doch so, dass seine scheinbaren Geheimnisse für uns nicht ersichtlich sind, weil unsere eigenen Vorurteile und Dogmen die Sicht auf sie verdunkeln.

Fassen wir Mut, öffnen unsere Augen und entdecken dabei, wie sich die Prophezeiung der Sage jetzt ihrer Erfüllung naht. Warten wir nicht mehr länger auf einen schlafenden Kaiser im Untersberg. Erfüllen wir die Prophezeiung dieser Sage. Jeder Einzelne, inklusive Du. Ohne Zögern, jetzt. (29)

Das Mysterium der Birnen

Neben den unzähligen Sagen und Legenden zum Walser Birnbaum und der bewegenden Endzeitschlacht mit Kaiser Karl fanden Claras und ich eine weitere Besonderheit im Wappen von Wals.

Das Wappen der Gemeinde wird wie folgt blasoniert, also nach den Regeln der Wappenkunde beschrieben:

„In Blau ein langgestreckter weißer Berg (Untersberg) und davor auf grünem Boden ein natürlicher, grüner, gelbbefruchteter Birnbaum. Der Berg ist der Untersberg (das ist so im Wortlaut der Blasonierung angegeben), der Birnbaum ist der historische Walser Birnbaum" (45)

Das Spannende daran ist, dass der Baum in diesem Wappen offiziell 6 Birnen trägt, in Salzburg sowie anderen Gemeinden jedoch 8 Birnen. Selbst unter den Einheimischen ist man sich nicht einig darüber, warum diese Unterschiede bestehen und wie viele Birnen diese Wappen tatsächlich tragen sollten. (30)

Nachdem sich der Professor vor Jahren bereits zu seiner Zugehörigkeit zur Freimaurerei bekannte, gab es auch hier Antworten zu diesem Mysterium zu finden.

Die Freimaurer waren ja bekannt für ihre Geheimwissenschaft sowie den Zahlen- und Symbolmysterien. Claras erklärte mir, dass selbst zur damaligen Zeit diese Wappenlegung ein besonderer Anlass für Salzburg war.

Nun, selbst in der Gemeinde war man sich heute nicht ganz einig, weshalb dieser Birnbaum mit „sechs“ Birnen dargestellt wurde. Einzelne Einwohner waren der Meinung, dass es eigentlich „acht“ Birnen sein sollten, da auch acht Gemeinden an Wals angrenzen.

Dennoch gab es diese kleine Unstimmigkeit, die uns ein Heimatforscher aus Salzburg erklären konnte. Er bestätigte uns, dass dieses Wappen im Jahre 1948 offiziell mit 6 Birnen blasoniert wurde. Die Entstehungsgeschichte dieser Blasonierung war jedoch ein Akt, der sich über einige Monate hinzog.

Das war ein weiteres Indiz für Claras Befürchtung, dass die Freimaurer auch hier ihre Finger im Spiel hatten. Vor allem, da es um eine Sache ging, die selbst in Kirchenkreisen von beträchtlicher Bedeutung war. Besonders, weil außerdem ein ehemals hochdekorierter General der SS namens Dr. Andreas Willens von der amtierenden Berliner Freimaurerloge involviert war. Die Aufzeichnungen und Niederschriften des Salzburger Heimatforschers waren für unsere Forschungen Gold wert.

Die künstlerische Darstellung des Wappens sollte zum einen auf christliche Symbole zurückgehen, aber ebenso auf freimauerirische

Symbolkräfte sowie einer Verbindung zu den Gemeindesagen. Herausgekommen ist schlussendlich ein Birnbaum mit dem Untersberg im Hintergrund und seinen offiziell „sechs“ Birnen.

Die Zahl 6 sollte demnach nichts anderes darstellen, als die Erschaffung der Seelen oder auch der Astralwelt in einem christlichen Zusammenspiel mit dem heilige Berg von Salzburg. Sechs ist daher auch die Zahl der Anderswelt oder auch „anderen Welt“. Sie ist außerdem eine Zahl, die in der gängigen Zahlenmystik nichts anderes darstellt, als das Gleichgewicht.

Die geometrische Entsprechung der Zahl 6 ist das Sechseck oder Hexagramm, das aus zwei gespiegelten Dreiecken besteht. Das Dreieck mit der Spitze nach oben repräsentiert das männliche Element, das andere, mit der Spitze nach unten, das Weibliche. Die Verschmelzung zum Sechseck oder Hexagramm ist somit das Zeichen der Symbiose.

Rudolf Steiners weiterführende Betrachtung zu dieser besonderen Zahl mündete in seiner These, dass die 6, das Hexagramm, die Zahl der Vereinigung von Mikrokosmos und Makrokosmos ist und somit wiederum die Lebensblume (oder „Blume des Lebens“) beschreibt.

Bewusst oder unbewusst wurden damals zur gleichen Zeit die Wappenbilder mit „acht“ Birnen der Öffentlichkeit zugänglich gemacht. Claras selber war sich sicher, dass dies gewollt so inszeniert worden war. Vor allem, da er als Freimaurer wusste, dass diese Logen bewusst solche Hinweise verbreiten, um nicht gegen den Kodex der „Gesetze“ zu verstoßen.

Denn immerhin formten diese Freimaurer samt dem Vatikan ihr eigenes „Weltbild“ mit ihren Symbolen. Eine Verschwörung, die auf einer bestimmten Symbolik und deren Ideen basiert und auf dem Glauben von etwas „Hohem“. Sodann müssten sie jedoch wegen dem Kodex des Gesetzes die Wahrheit trotz allem zugänglich machen.

Nun, Claras erklärte mir, dass die Zahl „acht“ den achtgliedrigen Pfad darstellt. Eine kabbalistische Lehre der alten Juden, die eine Befreiung des Menschen aus dem Rad der Wiedergeburt behandelt. Und auch ein Symbol für den Schöpfungstag oder die Auferstehung Christis und die Erneuerung des Menschen. Somit ein goldenes Zeitalter, das bei den Freimaurern auch als „Neue Weltordnung“ bekannt ist und in dem mysteriösen Monument der „Georgia Guidestones“ in den USA implementiert und dargestellt ist.

Tipp an Rande: Die Zahl 8 ist ein Symbol für die Auferstehung und Wiedergeburt. Deshalb sind auch die Taufbecken in den Kirchen achteckig – als ein Symbol für die Reinkarnation aus früheren Leben und einer Wiedergeburt im Sinne einer christlichen Gemeinschaft.

Auch hier erkennen wir also einen Zusammenhang, der mich wieder einmal verblüffte, genau wie die Ausführungen des Professors. Zeitgleich musste ich in an die Sage von Kaiser Karl und der Endzeitschlacht denken:

“... sein Schild an den Birnbaum beim Walserfeld hängen und das **Goldene Zeitalter** bricht an.”

Uns wurde bewusst, dass dieses Symbol für den Schöpfungstag oder die Auferstehung Christis sowie die Erneuerung des Menschen stand. Wurde somit durch das Symbol der 8 Birnen also ein „Goldenes Zeitalter“ oder gar eine „Neue Weltordnung“ in die Öffentlichkeit gebracht?

Sagen aus der Welser Heide

Doch blicken wir zurück nach Oberösterreich. In diesem Zusammenhang möchten wir die „Welser Heide“ besprechen. Ein Gebiet in Oberösterreich, das im Alpenvorland, etwa von Lambach bis Hörsching, an der sogenannten Traun liegt und welches es in den beiden Weltkriegen besonders schwer hatte.

In diversen veröffentlichen und unveröffentlichten Sagen aus der Umgebung finden wir Erzählungen aus der Stadt Wels, die entsprechend zur Welser Heide passen würden. Hier wird beispielsweise “das blutende Moor“ oder „rote Moor“ erwähnt.

Das rote Moor bei Wels

Bei Wels stand eine Mühle am Waldesrande. Eines Nachts weckte den Müller Wagengerassel, Pferdegetrappel, Katzengeschrei und verworrener Stimmenschall. Der wachsame Haushund bellte wütend und um die eigene Angst zu unterdrücken, feuerte ihn sein Herr noch an.

Als sich der Lärm gelegt hatte, erschien eine dunkle Gestalt am Fenster und rief dem Müller mit heiserer Stimme: "Komm her, Hans! Du hast uns heute mit deinem Hunde jagen geholfen, da hast du dafür ein Stück Wild!"

Durch das Fenstergitter wurde ein großes Stück Fleisch in die Stube geschoben. Am Morgen sah der Müller mit Grauen das unheimliche Geschenk und warf es in den Mühlbach. Als er aber wieder in die Stube zurückkam, war es am alten Platze.

Hunde und Schweine ließen es unberührt, auch das Vergraben im Garten half nichts. Da riet ihm der Pfarrer, es im roten Moor zu vergraben. Der Müller tat es und war von dem unheimlichen Wildbret befreit. (31)

(Nacherzählt aus dem Oberösterreichischen Sagenbuch, Hg. von Dr. Albert Depiny, Linz 1932)

Ein elementarer Bestandteil der Landschaftsmythologie und der Mythenforschung ist es, Sagen und Legenden zu finden und in die Forschung einzubinden. Im Bereich von Wels und Umgebung ist es allerdings eine sehr hartnäckige Herausforderung, tatsächlich etwas herauszufinden. Darüber waren Claras und ich uns einig.

Denn man muss wissen, dass heute keinerlei Sagen aus und über Wels mehr im Volke lebendig sind. Warum die Sagenwelt seit etwa 40 Jahren in Vergessenheit geraten ist, sei dahingestellt. Wichtig wäre jedoch, zu erwähnen, dass Sagen, Mythen und Legenden einen wichtigen Bestandteil der Seele eines Ortes darstellen.

Spannend an dieser Sage über das rote Moor ist unter anderem das immer wiederkehrende „Moor“ das „bei“ und nicht „in“ Wels beschrieben wird. Ja, selbst hier wird es als „rotes Moor“ bezeichnet. Historisch belegt ist jedoch in diesem Zusammenhang, dass in früheren Zeiten die Traun häufig aus ihrem Flussbett trat und genau wie zahlreiche Nebenarme Überschwemmungen auslöste.

Doch in der Stadt Wels kann man nicht von einem „Moor“ sprechen. Weiterführende Recherchen in diesem Zusammenhang ergaben jedoch, dass sich ein solches Moor in der Welser Heide befunden haben könnte. Hier in diesem Landstrich kann man sehr wohl von einem Moor sprechen. Von einem Moor, das aufgrund seiner Geschichte rot und blutdurchtränkt gewesen sein könnte.

Ähnlich wie es die Geschichtsschreibung über die „Walser Heide“ berichtet. Dazu ist anzumerken, dass die „Walser Heide“ zum „Walser Feld“ unbenannt wurde.

Der Heimatforscher aus Salzburg erklärte uns, dass der Grund der Umbenennung unter anderem ein Brief von Jakob Lechner aus dem Jahr 1912 an das „Salzburger Volksblatt“ war, mit der Beschwerde dies in Zukunft abzuändern.

Interessant ist in diesem Zusammenhang die Tatsache, dass dieser Jakob Lechner ein Träger des „Ordens der Eisernen Krone III. Klasse“ und des mysteriösen „Franz Joseph Ordens“ war, der teilweise in Verbindung mit den neuzeitlichen Tempelrittern oder auch Freimaurern stand, was wiederum einige Hinterlassenschaften aus seinem Erbe bezeugen.

Nach eingehenden Recherchen konnte uns der Salzburger auch sagen, dass dieser Jakob Lechner damals zum k. u. k. Hofrat ernannt wurde, in welcher Position er für das Kriegsgefangenenlager Marchtrenk in den Jahren 1914 bis 1918 zuständig war.

Nun, Claras und ich stellten uns an dieser Stelle die Frage, ob man doch anhand dieser Geschichten eventuell eine Ableitung zu einem „roten Moor“ in der Welser Heide finden könnte. In Anbetracht der

Geschichtsschreibung und den immerwährenden Schlachten in der Welser Heide war dieser Gedanke gar nicht so abwegig. Des Weiteren war es eine verrückte Tatsache, dass Jakob Lechner Freimauer gewesen sein könnte und in Marchtrenk etwas zu sagen gehabt hatte.

Anhand der Geschichte konnten wir tatsächlich auch eine Bezeichnung heranziehen, die an die schweren Zeiten zurückerinnert und ebenso mit einigen Legenden verwoben scheint.

Während der besonders schweren Kriegszeit erblickte der sogenannte „eiserne Tisch von Marchtrenk“ das Licht der Welt. Kriegsgefangene fertigten 1915 diesen kunstvollen Tisch, der, von Spendern finanziert, mit Metallplättchen, die ihren Namen trugen, beschlagen. Mithilfe dieser Spenden unterstützte Marchtrenk die Kriegswaisen und Kriegswitwen, sowie erwerbsunfähige Soldaten. (31 a)

Wahrlich ein Unikat in ganz Österreich, dieser eiserne Tisch. Ein ähnliches Unikat wie der runde Tisch aus der Sage von Karl dem Großen.

Claras und ich staunten nur. Wir erinnerten uns an die Herz-Jesu-Kirche in Wels und wussten bereits von der Symbolik in den Glasmalereien des Kreuzganges. Das Bild zu „Schlachtopfer der Sünder" mit dem dargestellten Lamm/Osterlamm.

War dies nun der Beweis dafür, dass mit der Fahne der Kreuzritter die Überwindung des Todes und die Wiedergeburt eines „Neuen Zeitalters“ dargestellt wurde? Also eines goldenes Zeitalters, das nach Marchtrenk zum blasonierten Wappen des Wolfes verweist - und das von Wels aus gesehen in Richtung Osten?

Also ein Hinweis darauf, dass sich genau in diesem Ort ein Mysterium der geöffneten Schriftrollen der sieben Siegel darstellt? Nun, angesichts des heiligen Birnbaums konnten wir auch dieses Puzzleteil nicht mehr ignorieren. Vor allem deshalb, weil der Dombaumeister der Herz-Jesu-Kirche in Wels nachweislich in einem mysteriösen Ritterorden tätig gewesen war.

Der Welser Birnbaum

Claras und ich waren erstaunt über die vielen Zusammenhänge und wussten auch, dass „Wals" in der Walserheide einiges über eine seltsame Zeit in der Vergangenheit zu erzählen hatte. Und wie der Zufall so spielt, fanden wir während unserer Recherchen auch in der Zentralbibliothek für Okkultismus an der Universität Freiburg eine Abschrift, die Folgendes besagt:

„Nun sollte auf der Welserheide bei Wels in Oberösterreich ein heilig gesprochener Birnbaum gestanden haben, der rund um das Jahre 1871 zu blühen begann." (46a)

Aber was war in diesem Jahr geschehen? Ich erklärte meinem Kollegen, dass dies das Jahr war, in dem die heutige Stadt Marchtrenk zufällig auch das erste Gemeindeamt erhalten hatte.

Hierzu fanden wir noch weitere wichtige Informationen. So wurde beispielsweise in Erzählungen auch von diesem Birnbaum bei Marchtrenk berichtet, dass es eine Zeit geben wird, wo sich einst zwei „andere" Ufer verbinden würden.

Doch vorher sollte eine große Schlacht in der Welser Heide stattfinden oder beendet werden. War dies ein weiteres Indiz für die Erzählung des alten Försters?

„ ... So sagte auch dieser, dass der Schlüssel der Ufer bald gefunden wird. Ein Schlüssel, der im verborgenen Hügel von zwei Ufern liegen sollte."

Das ist spannend, weil der Kaiser im Untersberg angeblich immer noch darauf wartet, dass seine Zeit endlich kommt. Doch der Birnbaum in Wals wurde bereits dreimal umgeschlagen. Zuletzt stürzte er, als der Krieg im Jahre 1870/1871 zu Ende war.

Weitere Auszüge aus der Zentralbibliothek für Okkultismus an der Universität Freiburg bestätigten nun die Sage und den Zusammenhang mit Wels, den Guido Karl Anton (von) List wie folgt beschreibt:

„… Diese mythische Walser Heide wird identifiziert mit der faktisch bestehenden Welser Heide bei Wels in Ober-Österreich, auf welcher tatsächlich ein dürrer Birnbaum steht (stand), der für heilig gehalten wird. Und merkwürdig: im Jahre 1871, nach dem Friedensschluss nach Sedan begann dieser dürre Baum wieder zu grünen und zu blühen.' (47)

Wir erkannten hier wieder einen verrückten Zufall: dass nämlich genau nach Kriegsende und dem Friedensschluss nach Sedan dieser eine Baum in der Welser Heide zu grünen und zu blühen begann. Er wurde heiliggesprochen.

Nun, da seit der Gründung des Stifts Kremsmünster im Jahr 777 dieses Gebiet samt der Region vom Stift spirituell und wirtschaftlich beeinflusst wurde, wunderten wir uns auch nicht über die Erklärungen, die uns der zuständige Prior des Stiftes Kremsmünster, Herrn A. Blecher, im persönlichen Gespräch gab. Dieser erwähnte kurz, dass einige Orte mit einem Birnbaum in der Nähe von Kremsmünster geweiht wurden.

Das bekannteste Beispiel ist wohl die Wallfahrtskapelle Lanselberg in Scharnstein mit ihrer Marienerscheinung bei einem Birnbaum. Oder die mystische Kirche Heiligenkreuz bei Kremsmünster mit ihrer verbindenden Leylinie nach Marchtrenk.

Und tatsächlich, ich fand einen Birnbaum, der zur Abschrift der Universität passen würde. Ein ca. 150 Jahre alter Birnbaum, der im Jahre 2003 unter Denkmalschutz gestellt wurde (48) und der immer noch bombenfest im Boden verankert ist. Er steht bei seinem Eigentümer in der Nähe der Au in Marchtrenk und wartet auf die goldenen Tage, in denen sich die „anderen" Ufer vereinen sollen.

Interessant in diesem Zusammenhang ist auch, dass dieser Birnbaum nordöstlich ausgerichtet ist und mit seinem angegebenen Alter von „ca. 150 Jahren" ungefähr auf die Zeit um 1871 datiert werden kann – vor allem auch deshalb, weil in der Welser Heide kein anderer Birnbaum von solch einem hohen Alter auf einer besonderen Leylinie liegt.

Abb. 28: Der heilig gesprochene Birnbaum in Marchtrenk

Vergleichen wir nun die stärkere Triebausrichtung des „heiligen“ Birnbaums, so erkennen wir in dieser die biblische Beschreibung der Endzeit. Denn hier legen wir einige Textstellen des Alten Testamentes so aus, dass am Ende aller Zeiten die Heerscharen des Antichristen aus dem Osten hervorbrechen.

Nachdem mein Kollege und ich nunmehr mehrere Wochen lang von Wels bis Hörsching nach einem solchen Birnbaum gesucht, aber keinen gefunden hatten, der auf dieses Alter passen würde, waren wir uns darüber einig, dass es nur dieser sein konnte, den der Besitzer auch aus reiner Intuition heraus vom Denkmalschutzamt unter Schutz hatte stellen lassen. – Zufall ?

Zusammenhänge zwischen Wels und Wals ?

Natürlich war es für uns nun sehr vordringlich, diese total verrückten Zusammenhänge wie diese „zufälligen“ Symbole auf einen Nenner zu bringen. Wir mussten also an dieser Stelle noch tiefer graben und daher führte mich mein nächster Weg zu den Tempelrittern.

Ich kontaktierte kurzerhand einen befreundeten Tempelritter und erklärte ihm meine Vermutungen über diese Zusammenhänge. Dann fragte ich ihn, ob er denke, dass diese Dinge tatsächlich in dieser Form zusammenhängen könnten. Er zögerte mit seiner Antwort und sagte mir schließlich, dass, auch wenn das alles so wäre, wir lieber vorsichtig sein sollten mit einer Veröffentlichung. Denn es sei schlicht nicht angebracht die „Wahrheit“ zu verkünden.

Trotz allem gab er mir den Tipp, dass ich mit meinen Forschungen bei den Franzosen beginnen (oder weitermachen) sollte. Nun, in Anbetracht des Krieges auf dem Walser und dem Welser Feld war es naheliegend, dass wir uns die Prophezeiungen des Major de Civrieux ansehen mussten.

Wir fanden hierzu bei unseren Recherchen heraus, dass im Jahre 1912 der Major de Civrieux eine Propagandaschrift mit dem Titel „Der Untergang des Deutschen Reiches. Die Schlacht auf dem Birkenfeld in Westfalen 191…“ veröffentlicht hatte. Der Herausgeber betonte damals bereits in seinem Vorwort, dass dieses Werk ein “eitles Phantasiegebilde“ sei, das die Zukunft des Krieges gegen Deutschland beschreiben sollte.

In diesem Werk von Major de Civrieux wird ebenso auf die „Straßburger Weissagung” verwiesen. Ein uralter Abschnitt aus dem Werk, das nichts anderes darstellte, als die vorausgesagte französische Niederlage im Krieg 1870/71. Eine Niederlage des Deutschen Reichs auf einem Schlachtfeld. Wahrlich eine gelungene Zukunftsprognose, die einem Nostradamus ebenbürtig schien. (49)

Die magische Birke

Aus unseren Keltenforschungen im Zusammenhang mit den magischen Grundlagen diverser Geheimbünde wussten wir um die wichtige Bedeutung der Birke. Zur damaligen Zeit hieß das Wort „Birke" auf altgermanisch „biark". Ein Name, der für Magier oder eingeweihte Menschen ein Symbol für die Ausübung einer bestimmten magischen Gewalt war. (47)

Hier stellten sich uns weitere Fragen, die es dem Professor und mir aber nicht gerade leichter machten. Wusste der Major de Civrieux etwa von dieser geheimen Lehre aus okkulten Kreisen? Wenn ja, dann hatte er wohl einen Einblick in über- und unterbewusste Vorgänge, die ihm damals eine kommende Zukunft offenbarten.

Nun, angesichts unserer Keltischen Forschungen konnten wir jetzt auch Rückschlüsse darauf ziehen, dass der Birke zur damaligen Zeit besondere Heilkräfte zugesprochen wurden. Wohl auch ein Indiz dafür, weshalb der Kaiser „Barbarossa" zur gegebenen Zeit erscheinen und Deutschland retten sollte oder könnte.

In den Aufzeichnungen alter Texte finden wir außerdem eine Anhäufung eines regelrechten „Birkenkults", der sich hauptsächlich aus dem Wotankult ableitet. Und der wiederum die Quelle des Guido von List aus Wien in diesem Zusammenhang erklären würde.

Zwei mysteriöse Tische als Unikat in Österreich

Doch haben wir weitere Gegenüberstellungen wie den bereits erwähnten „Eisernen Tisch" in Marchtrenk und den runden Tisch von Kaiser Karl im Untersberg.

Tatsächlich fertigten Kriegsgefangene in Marchtrenk einen kunstvoll geschnitzten Holztisch um das Jahr 1914 an. Ein Korporal namens Jakob Golobir führte die kunstvollen Schnitzereien am Tisch durch. Schnitzereien mit der Inschrift:

„Der eisernen Zeit, er sei geweiht,
den Söhnen einer besseren Zeit,
den Vätern zum Gedächtnis,
den Söhnen zum Vermächtnis" (12)

Ziel war es zur damaligen Zeit, Spenden für die erwerbsunfähigen Soldaten, Kriegswitwen und Kriegswaisen zu erzielen.

Abb. 29: Der eiserne Tisch von Marchtrenk

Es sollte ebenso angemerkt werden, dass dieser Tisch eine Ableitung der damals bekannten „Kriegsnagelungen" war. Ein Vorgang, bei dem während des Ersten Weltkriegs gegen eine Spende ein Nagel in ein dafür aufgestelltes hölzernes Objekt eingeschlagen wurde.

Das ab 1915 massenhaft einsetzende Phänomen ging damals von der Nagelung der Skulptur eines Wehrmanns in Eisen in Wien aus und breitete sich weiter aus. Die wohl bekannteste Nagelung ist die mit der einhergehenden Sage „Der Stock im Eisen" aus Wien. (46b)

Claras und ich konnten uns bei diesen Indizien auch einen Reim auf den überreichten Stein des Försters mit der Inschrift machen. So sollte doch der dargestellte Nagel auf dem Stein ein Hinweis auf den tatsächlich existierenden eisernen, eckigen Tisch in Marchtrenk sein, der wiederum auch als Leidenssymbol verstanden werden kann, auch wegen der christlichen Entsprechung des „Nagels".

Doch auf dem Stein befindet sich ebenfalls das Wort „MONS", das lateinische Wort für „Berg" – und somit, aufgrund der vorangegangenen Ausführungen, auch eine Verbindung zum Untersberg und dem runden Tisch des Kaisers.

Das ist gleich in doppelter Hinsicht spannend, da dieser runde Tisch von Kaiser Karl dem Großen auch ein Hinweis auf den „Round Table", den berühmten Tisch aus der Artuslegende, sein könnte! Dabei handelt es sich um den berühmten runden Tisch des König Artus (Arthur), an dem sich seine Gefolgschaft der Ritter versammelte.

Hier sprechen wir von den „Rittern der Tafelrunde", die ebenso mit den Tempelrittern und dem Heiligen Gral in Verbindung gebracht werden und im germanischen Gedankengut zu finden sind. Doch kannten Claras und ich ebenso die vielen Sagen und Legenden, die sich damit beschäftigen, dass im Untersberg der Heilige Gral in einer Höhle zu finden wäre.

Aufgrund der gemeinsamen symbolischen Bedeutung der beiden Tische stellt sich nun die Frage: Handelte es sich bei der Schöpfung des Eisernen Tisches um eine unterbewusste Handlung oder gingen dem ganz bewusste Gedankengänge des k. u. k Hofrats Lechner voraus, der ebenso zum Walserfeld-Mysterium beigetragen hatte?

Vermutlich sind beide Tische wieder einmal das Produkt des Zufalls und der Eiserne Tisch in Marchtrenk ist rein zufällig das materielle Gegenstück des Round Tables oder des runden Tisches von Karl dem Großen. Sollte dieses Gegenüber wirklich unbewusst erschaffen worden sein, wäre dies eine wunderbare Bestätigung dafür, dass ein morphogenetisches Feld, welches selbst Ortschaften miteinander verbindet, tatsächlich existieren könnte.

Als morphisches Feld (früher „morphogenetisches Feld") bezeichnete der britische Biologe Rupert Sheldrake unter anderem ein Feld, das als „formbildende Verursachung" für die Entwicklung von Strukturen sowohl in der Biologie, Physik, Chemie, aber auch in der Gesellschaft verantwortlich sein soll. Im Prinzip kann hier auch gesagt werden, dass alles mit allem verbunden zu sein scheint -> Das morphische Feld. (46, 47a)

Sollte man jedoch der Meinung sein, dass so etwas nicht existieren kann, bleibt demnach nur die Tatsache, dass Lechner hier mitgewirkt hatte. In Anbetracht der Fülle an Informationen zu den restlichen Dingen aus Wels und Marchtrenk, die bereits beschrieben wurden, kann der „Zufall“ ausgeschlossen werden.

Claras gab noch zu bedenken, dass trotz der Ausschlusskriterien des Zufalls dieser Tisch rechteckig ist und nicht rund, was jedoch aufgrund der These der bewussten/unbewussten Spiegelung von Dingen logisch war.

Die Birne und die Jungfrau Maria

Keineswegs wollen wir jetzt den Heiligen Gral suchen. Wer weiß, ob wir den jemals finden würden. Doch sollen jetzt diese Birnen beschrieben werden, bevor der Heilige Gral etwas näher betrachtet wird. Die Kraft der Birne lässt sich botanisch natürlich von der Birne ableiten, einem Rosengewächs mit weißen Knospen.

Bereits im antiken Griechenland war die Birne der Göttin Hera geweiht. Kein Wunder, dass wir auch heute Figuren wie Maria oder Isais an denselben Plätzen vorfinden. Denn im Mittelalter wurde dies Symbol aufgegriffen und der Jungfrau Maria sowie den Attributen des Weiblichen zugesprochen.

Nun, wer die Geschichte von Kaiser Karl dem Großen oder Barbarossa verfolgt hat, der weiß vielleicht Bescheid über den Zusammenhang zwischen der Birne (Jungfrau Maria) und dem damaligen Erlöser Deutschlands (Kaiser Karl oder Barbarossa).

Gemäß der Sage soll ein karolingisches Reliquienamulett im Museum des erzbischöflichen Palasts („Musée du Palais du Tau“) in Reims aufbewahrt werden. Bei dem Amulett soll es sich um den Talisman von

Karl dem Großen handeln, in dem Partikel vom wahren Kreuz Christi enthalten sein sollen und welches zuvor angeblich Haare der Jungfrau Maria beinhaltete. (49a)

Es ist übrigens auch eine interessante Tatsache, dass sich früher Adlige mit dem Symbol der Birne schmückten. So gab es im 12. Jahrhundert im Umfeld von Stift Seitenstetten beispielsweise ein Adelsgeschlecht, das den Birnbaum im Wappen trug und sich „von Birnbaum" nannte. Die Birne stand in Adelskreisen dafür, kraftvoll verwurzelt zu sein, aber auch für eine große Fruchtbarkeit und Langlebigkeit. (50)

Zusammenfassung

Und nun? Ja, der Professor war sich sicher. Auf solch einem Birkenfeld (oder auch als Birnfeld übersetzt), einem Platz, welcher der Jungfrau Maria geweiht war und durch seine Symbolik auf den Heiligen Gral hinwies, wollte der französische Major de Civrieux scheinbar Deutschland im Untergang sehen und hat daher eine dieser Schlachten prophezeit.

Ein uns zugesandtes Dokument machte die ganze Sache noch mysteriöser als sie ohnehin bereits war. In einem Dokument konnten wir ebenso einen weiteren Bezug zu Guido von List aus Wien herstellen. Einem Okkultisten, Magier und seit dem Jahre 1874 amtierenden Freimaurer in der Loge „Humanitas" in Neudörfl a. d. Leitha, dem außerdem auch eine Zugehörigkeit zu den Tempelrittern nachgesagt wurde und der ein Begründer des germanischen Wotankultes war.

Aus diesem Dokument ging hervor, dass sich der Freimaurer und Okkultist gegen die allgemeine Empörung seitens der Zeitungen über Majors de Civrieux' Prophezeiungen stellte.

Er gab unter anderem an, dass er davon überzeugt war, dass sich der wahre Birnbaum bzw. das Birkenfeld in Oberösterreich, vermutlich Wels befunden hatte. Folglich konnten mein Freund und ich daraus ableiten, dass in der Walser Heide bei Salzburg eine Symbolik obsiegen sollte, die einen Sieg der Deutschen symbolisieren würde. Eine Symbolik, die weit entfernt war von einer keltischen oder irgendeiner anderen. Denn, wenn dieser Wotan schon seine Waffen an einem Baum der Jungfrau Maria in der Nähe vom Heiligen Gral aufhängt, so kann ein Sieg des französischen Majors nicht wirklich gemeint sein. (47)

Nun, diese Ergänzung würde bestätigen, dass der Birnbaum aus Marchtrenk 1870/71 zu blühen begann und die beiden Orte Wals und Wels aufgrund der 6 und 8 Birnen entweder bewusst oder unbewusst vertauscht wurden und die Walser Heide somit als die Welser Heide Interpretiert werden konnte.

Und ebenso konnte doch auch Kaiser Karl der Große um das Jahr 1170 bei einem Besuch in Windischgarsten, aufgrund der Entfernung, die Stadt Wels aufgesucht haben.

Was wiederum ein spannendes Indiz wäre, weil es möglicherweise auf eine unbewusste Handlung bei der Erschaffung des Eisernen Tisches von Marchtrenk hindeutet. Denn: weshalb wohl wurde genau in solch einem Gebiet das Gegenstück des „Round Table“ gefertigt, auch wenn nur unbewusst? Und das unter der Leitung von Hofrat Lechner, der Verbindungen zu Orden und Geheimgesellschaften hatte oder sogar Zugang zu verschiedenen Plänen besaß?

Interessant ist auch, dass die beiden Birnbäume genau **95 km Luftlinie** voneinander entfernt liegen und aufgrund der Ausrichtung des Birnbaums in Marchtrenk auch die Interpretation vorliegt, welche die Heerscharen des Antichristen in einer (früheren) blutdurchtränkten Heide aufzeigt. Nach der großen Endzeitschlacht sollte die Erneuerung des Menschen mit der Anderswelt oder auch „anderen Welt” verbunden werden, worauf auch der Heilige Gral sowie die Tempelritter einen Hinweis gegeben haben.

Die **Zahl 95** ergibt in der Quersumme (9+5=14) 5, was wiederum die Zahl des Menschen, des Mikrokosmos, zugleich aber auch die Zahl des Bösen bzw. der Wahlfreiheit zwischen dem Guten und dem Bösen darstellt. Im geomantischen Sinne kann hier ebenso von der Spiegelung und der Existenz der Dualität bzw. entgegengesetzter Entsprechungen gesprochen werden.

Geschichtsspiegelung

Die Stadt Salzburg, die damals „Iuvavum" hieß, war bei den alten Völkern ein sehr wichtiger Straßenknotenpunkt an der Salzach, die früher „Iuvarus" oder „Ivarus" hieß. Hier in Salzburg wurde ein Weihealtar unter dem Residenzplatz gefunden, der vermutlich dem Gott Jupiter oder dem keltischen Flussgott Iuvavus geweiht war.

Am R**a**inberg bei Salzburg spielen gleich „acht" keltische Gottheiten und somit auch die Zahl 8 eine tragende Rolle.

Folgen wir jetzt dem Weg in die Welser Heide, so erkennen wir, dass selbst Wels einem sehr wichtigen Straßenknotenpunkt am Fluss Taruna (Traun) entspricht.

Über Wels verliefen damals drei bedeutende Hauptstraßen, eine davon die Ost-West-Verbindung entlang der Donau Richtung Iuvavum/Salzburg. (52) Hier, am R**e**inberg bei Thalheim spielen „sechs" Gottheiten und somit die Zahl 6 eine wichtige Rolle.

An diesen beiden Beispielen, die uns von einem bekennenden Magier, Keltenforscher und Museumsdirektor aus dem Burgenland erklärt wurden, erkannten wir bereits die Auffälligkeit in der spiegelverkehrten Historik und unseren vorigen Entdeckungen.

Aber die Auffälligkeit war historisch nachvollziehbar, da hierzu zwei für die Römer wichtige Gebiete ausgewählt worden waren, in denen es gleichzeitig 6 beziehungsweise 8 bedeutsame keltische Gottheiten gab. Ist dadurch nun auch das Mysterium der Birnen auf dem Wappen von Wals erklärbar?

Claras und ich wir waren verblüfft über die stimmigen Zusammenhänge unserer Forschung. Insgesamt betrachtet, ließ sich nämlich jetzt eine Spiegelung der Orte und Symbolik erkennen.

Am Beispiel der beiden Berge (Reinberg, Rainberg) und der zwei Birnbäumen (in Wels und Wals) erkannten wir tatsächlich eine spiegelverkehrte Betrachtung einzelner Erzählungen wie am Beispiel der 6 und 8. Ob diese nun bewusst verdreht wurden oder unbewusst entstanden sind, ist eine Frage, die wohl gar nicht so einfach zu beantworten war. Zumindest waren sie plausibel, wie wir den Erzählungen und Erfahrungen der Freimaurer entnehmen konnten.

Angesichts der Aussage aus dem Dokument:

„... Die mythische Walser Heide wird identifiziert mit der faktisch bestehenden Welser Heide bei Wels in Ober-Österreich“ (51) waren wir uns einig, dass es tatsächlich ein großer Irrtum der Geschichtsschreibung war, die Welser Heide nicht bei der Auslegung eines neuen Zeitalters mit einzubeziehen.

△

Der Spiegel der alten Tempelritter

Nun könnten wir doch tatsächlich davon ausgehen, dass selbst die alten Tempelritter und Freimaurer von der Bedeutung dieses Ortes in der Welser Heide gewusst hatten. Beispielsweise fanden Claras und ich in der Filialkirche St. Georgen im Schauertal dieselben Entsprechungen wie in einer besonderen Templerkirche am Untersberg.

Wenn wir nun aber die Tempelritter als Erklärung für die Kirche in Wels heranziehen wollen, sollten wir zuerst die Tempelritter sowie den Untersberg erklären.

Dazu möchte ich dem Leser von einer wunderbaren Unterredung berichten, die Claras und ich mit dem einheimischen Salzburger Forscher „Valentinus" hatten. Dazu möchte ich an dieser Stelle seine Erklärungen aus seinem Werk „Der Untersberg und das Geheimnis des Lebens" ausführen.

Die Tempelritter und Ettenberg

Ettenberg: Eine andere abenteuerliche Geschichte, die sich am Untersberg zugetragen hat, handelt von den Tempelrittern. Der Orden der Tempelritter wurde von einer Handvoll französischer adliger Ritter 1119 n. Chr. im heiligsten Bezirk Jerusalems, dem Tempelberg, gegründet – an der Stelle, an der einst der Tempel Salomons stand.

Ursprünglich als „Arme Ritterschaft Christi und des salomonischen Tempels zu Jerusalem" (wie der offizielle Name lautet) zum Schutz von Pilgern im Heiligen Land gegründet, entwickelte sich der Templerorden in kurzer Zeit zu einer der einflussreichsten und mächtigsten Institutionen der zu jener Zeit bekannten Welt.

Wir schreiben das Jahr 1220. Eine kleine Schar verwegener Tempelritter erreicht nach einer höchst strapaziösen Reise voller Abenteuer ihr ersehntes Ziel: Ettenberg am Untersberg. Ihr Anführer Ritter Hubertus war ein Suchender. Sein abenteuerliches Naturell ließ ihn für seine Zeit immense Strecken zurücklegen.

Seine eigentliche Bestimmung und Erfüllung fand er in den Ruinen von Ninive, im einstigen Mesopotamien und dem heutigen Irak. Dort erschien ihm eine Göttin mit dem Namen Isais. Isais wies Hubertus den Weg zu einem Berg im fernen Abendland.

Er und seine Getreuen erhielten den Auftrag, eine Komturei an diesem Berg zu errichten und auf Isais zu warten. Sie werde sich dort zeigen und wichtige Anweisungen für den Weg in ein neues, ein goldenes Zeitalter geben.

Ritter Hubertus zweifelte nicht, um welchen Berg im fernen Abendland, es sich handelt: der Untersberg, der Berg des Lichts. So gründeten Ritter Hubertus und seine Gefolgsleute eine kleine Komturei am Fuße des Untersbergs bei Ettenberg.

Abb. 30: Kapelle bei Maria Ettenberg, früher Friedensberg (Foto: Valentinus)

Zu jener Zeit war dieser Ort als „Friedensberg“ bekannt. Aus den mittelalterlichen Resten der Komturei wurde das Schloss Friedensberg errichtet. Es diente als Fürstpröpstlicher Sitz. Wie versprochen, erschien Isais den Templern am Friedensberg. Sie weihte die Templer in drei wichtige Geheimnisse ein und gab ihnen mehrere Anweisungen für das goldene Zeitalter des Lichts.

Fährt man mit dem Auto von Marktschellenberg kommend entlang einer steilen und teilweise schmalen Serpentine in Richtung Ettenberg, erreicht man nach kurzer Fahrt einen kleinen Weiher am Fuße des Untersbergs. Er liegt am Friedensberg, dem Ort unserer Geschichte, an welchem Ritter Hubertus im 13. Jahrhundert mit seinen Gefolgsleuten die Komturei errichtete.

Zurück zum Weiher. Im Sommer erblühen auf ihm herrliche leuchtende Seerosen. Durch die Wurzeln der Seerosen schlängeln sich verspielt die Bewohner und Wächter des Weihers, Fische, vor allem Goldfische. Die Seerosen als Symbol der Erleuchtung und die Goldfische als Symbol für Reichtum. Dies ist der Isais-Weiher, der zauberhafte Ort, an dessen Ufern Isais die drei Geheimnisse, die Anweisungen, unter anderem die Gebote an Ritter Hubertus und seinen Getreuen übermittelte. (29)

Beim Eingang in die kleine Kirche finden wir eine Abschrift über dem Torbogen, welche lautet: „Zur Ehre der Heiligsten Dreifaltigkeit, der Himmelskönigin Maria, des Hl. Johannes des Täufers 1710“.

Nun, Johannes der Täufer gilt bei den Freimaurern als Schutzpatron der Bauhütten und der Johannistag ist der höchste Feiertag der Johannisloge (eine Untergruppe der Freimaurer). Dazu kommt, dass Johannes von den Urchristen im Neuen Testament als ein Prophet der Endzeit und Wegbereiter Jesu Christi dargestellt wurde. Hier ließ sich für uns eine Verbindung zum Inneren der Kirche und der dortigen Darstellung des Osterlammes sowie eines Kreuzritters herstellen.

Die Filialkirche St. Georgen im Schauertal

Claras und mir ist bei unseren Forschungen die Filialkirche St. Georgen im Schauertal aufgefallen. Vor allem bei der geomantischen Betrachtung der sogenannten Drachenlinie, die bei dieser Kirche beginnt, sich weiter über die Maria Schauersbergkirche zieht und sich schließlich über die Stadtpfarrkirche in Wels legt.

Ein eindeutiges Indiz haben wir ebenso am Dach dieser Kirche vorgefunden. Hier finden wir den Heiligen Georg, den Drachentöter, an der Dachspitze abgebildet. Ebenso den bereits bekannten Wetterhahn (auch „Gallus“ genannt), der von einer alten keltischen Kultstätte zeugt.

Diese These wurde uns ebenso bestätigt, als wir in den Gemeindeaufzeichnungen von Fischlham weitere Nachforschungen unternommen haben. Irmgard Fischer beschreibt hier zu den Dokumentationen von Erwin Fischer Folgendes:

„ ... aber es bleibt Vermutung, daß die Georgskapelle damit gemeint sein könne, genauso wie die Annahme, daß es sich hier um ein altes keltisches Quellenheiligtum handelt, das später christianisiert wurde.“ (53)

Tipp: Tempelritter und Georgskirchen haben etwas gemeinsam, da Georg auch der Schutzpatron der Ritter war und daher auch bei den Tempelrittern Einzug fand.

Abb. 31: Filialkirche St. Georgen im Schauertal

Die Kirche liegt hinter einem kleinen Teich mit einer besonderen Quelle namens „Brünndl“. Von der Bevölkerung wurde diesem Wasser eine besondere Heilkraft zugesprochen.

Die Geschichte dieser Kirche liegt allerdings im Dunkeln. Einzig der Nachweis, dass diese einst im Besitz eines Adeligen war, ließ uns vermuten, dass es hier einen mysteriösen Zusammenhang mit der fehlenden historischen Aufzeichnung zu dieser Kirche geben musste.

Claras fand außerdem heraus, dass diese Kirche nicht einem Pfarrnetz eingegliedert war und somit eine „private“ sein musste, die jedoch mittlerweile übernommen wurde. Die erste urkundliche Erwähnung erfolgte im Jahr 1526, wobei bereits im Jahre 1179 vermutet wurde, dass die damalige Kapelle als Filiale geführt wurde.

Passend zum Heiligen Georg, den wir schon am Dach gefunden hatten, konnten wir nun auch in den Aufzeichnungen aus neuerer Zeit herauslesen, dass diese dem Heiligen Georg geweiht war. Einem Heiligen, der im Mittelalter aufgrund seines Heldenmutes im Kampf gegen das Böse eine große Verehrung erfuhr.

Die Mönche und der Führer Deutschlands

Im Juli 2020 hatten Claras und ich spontanen Besuch von einem Versicherungsvertreter, der uns eine Corona-Versicherung verkaufen wollte. Nun, dafür war es wohl bereits zu spät, da wir aufgrund der Pakete seitens der Bundesregierung an der mühsamen Bürokratie des Staates leer ausgingen. Trotzdem war es uns ein Trost, dass dieser Vertreter ein bekennender Heimatforscher war, der ein blendendes Geschichtswissen besaß.

Der Hobby-Heimatforscher, Wolfgang, ein netter älterer Herr, hatte uns nach vielen historischen - jedoch für uns nicht weiter interessanten Zusammenhängen - zum Schluss die Geschichte von Hitler erzählt.

Wolfgang schien sich besonders für dieses Kapitel unserer Geschichte zu interessieren. Das war nicht gerade mein Lieblingsthema, besonders die Themen rund um Hitler und den Zweiten Weltkrieg berührten mich nicht wirklich, weil ich eine Abneigung dagegen habe. Aber in dem Fall dachte ich mir, na gut, dann hören wir mal, was Wolfgang uns zu berichten hat.

Wolfgang erklärte uns Einiges über Hitlers Kindheit und Jugend. So hatte anscheinend die Gemeinde Fischlham für Hitler einen besonderen Stellwert gehabt, vor allem deshalb, weil die Familie Hitler knappe 2 Jahre in Fischlham gewohnt haben soll.

Wolfgang zeigte uns weiterführend, alte Dokumente, aus denen tatsächlich hervorging, dass Hitlers Vater, der pensionierte Zollamtsoberoffizier Alois Hitler, das Rauschergut in Hafeld, Gemeinde Fischlham, erworben hatte, das jedoch im Jahre 1897 verkauft wurde.

Spannend an den weiteren Ausführungen von Wolfgang waren vor allem die Aufzeichnungen über die besondere Bindung Hitlers zur Filialkirche St. Georgen im Schauertal. Eine Bindung des damals jungen „Führers“ die nur anhand von zwei Tagebucheinträgen des Vaters nachvollzogen werden konnte.

Mit den Zeilen „Gerne ward er an diesem Ort und gerne ward er mit den Mönchen im Gespräch“ war die besondere Bindung zu diesem Ort fast erklärt. Doch Wolfgang wusste nicht, wer diese Mönche hätten gewesen sein sollen. Der Ort der Filialkirche wird zwar selber nicht in den Notizen erwähnt, doch ging Wolfgang wegen der Bindung seines Vaters zu dieser Kirche davon aus.

Verbindungen zur Komturei Maria Ettenberg

Da der gespiegelte „Walser Birnbaum“ vor dem Untersberg liegt, fanden wir die Ausführungen des Versicherungsvertreters mit einem Hang zum Nationalsozialismus über den Tagebucheintrag von Hitlers Vater recht interessant. Besonders, weil Lazarus Gitschner ebenfalls von Mönchen spricht.

Allerdings überzeugte mich die Sache noch nicht ganz, denn in Fischlham hätte es alle möglichen Mönche gegeben haben können, die sich mit dem jungen Adolf bei ,,einem Ort" oder der damaligen Kapelle unterhalten hatten. Anhand der alten Aufzeichnungen der Gemeinde und der Kirchenchroniken ließ sich jedenfalls mit den erwähnten Mönchen nicht viel anfangen.

Einzig der Hinweise, dass Hitler zu einem späteren Zeitpunkt im Untersberg einen magischen Berg gesehen und seine Residenz dorthin verlegt hatte, konnte mich ein wenig von der wundersamen Geschichte überzeugen.

Hatte Hitler damals als Kind tatsächlich Kontakt zu Adelsmenschen oder gar einem Geheimbund oder Mönchen aus dem Untersberg, wenn nicht sogar aus Fischlham gehabt?

Eine ziemlich heikle, wenn nicht provokante Frage, die Claras da gestellt hatte. Doch wir versuchten, eine Antwort darauf zu finden, indem wir uns näher mit dem Thema „Templerkirche" auseinandersetzten.

Anhand des Alters und des Grundrisses der Kirche in Fischlham sowie der Tatsache, dass sie dem Heiligen Georg geweiht war, zeigte uns eine mögliche Verbindung zu den Tempelrittern an.

Abb. 32: Weiher vor der Filialkirche St. Georgen im Schauertal

Dazu kommt der „Heilende“ Weiher vor der Filialkirche St. Georgen im Schauertal, der sich auch vor der Kirche in Ettenberg als der sogenannte „Isais-Weiher“ findet.

Kommen wir noch zur historischen Datierung. Hier ist das 13. Jahrhundert ein interessanter Hinweis, denn, wie bereits beschrieben, wurde die Komturei in Ettenberg um das 12./13. Jahrhundert errichtet, nachdem Hubertus Koch mit der Göttin Isais Kontakt gehabt hatte. Er hatte den Untersberg im Jahre 1221 erreicht und wohnte in Linz, wo er auch aufgewachsen war.

Ich erinnere mich noch gut an mein damaliges Gespräch mit Claras über Hubertus Koch und die Pfarrkirche in Linz:

„Zählen wir doch eins und eins zusammen! Hubertus Koch geht nach Mesopotamien und reist danach zum Berg der Götter – zum Untersberg. Dort erscheint ihm Isais und er geht anschließend nach Linz zurück, um die Brüder der Templer zu versammeln. In Linz könnte er zum erwähnten Jahre 1222-25 eine Hinterlassenschaft des Isaiskultes platziert haben!“

„Die Pfarrkirche in Linz wurde im Jahre 1207 abgesteckt und der Bau begonnen, der danach im Jahre 1210 fertiggestellt wurde. Die erste Kirchenglocke wurde im Jahre 1223 gegossen! Als Hubertus seine Tempelbrüder versammelt hatte, den Isaiskult verewigte, ging er mit dem Gefolge wieder zum Berg, wo sie den Schwarz-Violetten Stein von Isais erhalten haben. Den aktuellen Aufzeichnungen nach, waren dies sieben Templer, die mit ihm zum Berg der Götter aufbrachen. Von Linz aus!“

Und tatsächlich fanden Claras und ich drei Figuren an der Glocke in der Pfarrkirche, die genau auf ein graviertes Symbol der Isais mit einer Mondsichel zeigten.

Claras und ich stellten uns nun die Frage, ob nicht dieser Hubertus Koch oder einer seiner Gefolgsleute ebenso ein bildgetreues, gespiegeltes Abbild in der Welser Heide, in der Filialkirche St. Georgen am Schauerberg in Fischlham, platziert hatten?

Nun, angesichts der Besonderheit dieses Ortes mit dem heiligen Birnbaum in der Welser Heide wäre dieser Gedanke gar nicht so abwegig, wie wir feststellen mussten. Zusätzlich fanden wir heraus, dass es sogar bezüglich der Adligen und der Welser Heide eine spannende Tatsache zu vermelden gab.

Abb. 33: Mutter Maria, Isais an der Glocke in der Pfarrkirche Linz

Architektur der Tempelritter

Um unsere Theorie zu präzisieren, dass es sich bei der Filialkirche St. Georgen im Schauertal sowie der Kirche in Ettenberg um eine Templerkirche handelt, mussten wir uns demzufolge mit der Architektur der alten Tempelritter auseinandersetzen.

Hierzu konnten wir im Buch von 1999 „Das letzte Grab Christi: die Geometrie des Heiligen Gral“ von Autor Richard Andrews nachlesen, dass man die Templer eindeutig mit König Salomons Meisterarchitekt und Baumeister Hiram Abiff in Verbindung bringen kann.

Demnach waren, gemäß der Buchinformation ,,Die Templer: Geschichte und Geheimnis“ von Hartwig Sippel, ihre Bauten meist in einem oktogonalem Grundriss angelegt, da sich die Templer an der Kabbala orientierten

Betrachten wir die nun die Templerkirchen in Europa, so erkennen wir, dass die meisten sich gleichen. Es handelt sich um einfache, einschiffige Bauten, die einer kleinen Dorfkirche ähnelten. Templerkirchen mit polygonalem und kreisförmigem Grundriss waren eher die Ausnahme. Dazu kommen die spannenden Indizien, die wir in jeder einzelnen Templerkirche vorfinden können (auch in Ettenberg und Fischlham).

Abgesehen von der großen Vorbildwirkung bestimmter Templerbauten, spielte auch die sogenannte Zahlenmystik eine sehr wichtige und tragende Rolle in der Architektur solcher Bauwerke.

So wurden zum Beispiel Tauf- und Friedhofskirchen häufig auf einem achteckigem Grundriss errichtet, weil Christus am 8. Tage auferstanden war, und die Taufe als „Tod und Auferstehung mit Christus“ gilt.

Die Zahl Sechs war ebenso ein wichtiges Symbol, diese galt als „vollkommene Zahl“ und wurde als Mariensymbol eingesetzt. Folglich können wir an allen 6-er- und 8-er-Symbolen erkennen, dass diese meist bewusst implementiert wurden.

Wenn des Weiteren noch die Zahl 12 hinzukommt, so erinnern wir uns an die die 12 Apostel oder auch 12 Seligpreisungen der Templer. Für den mittelalterlichen Gelehrten und Bibelausleger war die Weltordnung ohne Frage mathematisch und geometrisch geprägt.

Die Templer wussten demnach damals bereits das Wichtigste der Geheimlehre – schließlich stand bereits im Buch Jesus Sirach 1,9-10:

Gott „hat die Weisheit geschaffen durch seinen Heiligen Geist; er hat sie gesehen, gezählt und gemessen und hat sie ausgeschüttet über alle seine Werke und über alle Menschen nach seinem Gefallen und gibt sie denen, die ihn lieben. (53a)

Dieter Wolf fasst die Kirchentypen des Templer-Ordens in drei Kategorien zusammen:

Erstens einschiffige rechteckige Kirchenschiffe mit flachen dreijochigen Chorschüssen. Die Schiffe seien 15 bis 20 Meter lang, 5 bis 7 Meter breit, bestünden aus dicken Mauern mit flachen Strebepfeilern, besäßen kleine Gaden-Fenster im Dreiertakt und Tonnengewölbe mit Gurtbogen. (78)

Die zweite Kategorie sei vorwiegend in Sudwestfrankreich beheimatet und habe im Gegensatz zu den Kirchen der ersten Sparte eine halbkreisförmige Apsis mit Halbkuppel. (78) (79)

Zur letzten Gattung der Templerkirchen zählen die Zentralbauten selber. Die ältesten erhaltenen Zentralbauten stammen aus dem 3. Jhd. v. Chr., z. B. das Philippeion in Olympia, ein Heroon* der makedonischen Königsfamilie, um 340 v. Chr. erbaut, oder das Asklepieion** in Epidauros. (80)

Gemäß den oben genannten Entsprechungen mitsamt der zugehörigen Symbolik konnten wir nun anhand der Bauweise in der Filiakirche Schauersberg in Fischlham tatsächlich eine alte Templerkirche vermuten.

*Ein Heroon ist ein Grabmal für einen Heros oder Heroine, also einen heldenhaften Halbgott/Halbgöttin.

**Ein Asklepieion ist ein Heiligtum, das dem Gott Asklepios geweiht war, dem altgriechischen Gott der Heilkunst.

Die Merowinger und Marchtrenk

Eine weitere Besonderheit fanden wir im Zusammenhang mit dem Ort, wo der „heilige“ Birnbaum in der Welser Heide bei Marchtrenk stand/steht. Spannend waren vor allem die Aufzeichnungen aus den

Stadtarchiven von Marchtrenk, wo merowingische Reihengräber im Jahre 1937 in Marchtrenk ausgegraben wurden.

Angesichts dessen, dass wir in dieser Gegend bereits eine Vielzahl an Mysterien gefunden hatten, die Querverbindungen zu diversen Geheimbünden wie den Freimaurern und den Tempelrittern aufzeigen, war dies ein weiteres positives Indiz für meinen Forscherkollegen und mich.

Die Merowinger waren einst das älteste Königsgeschlecht aus dem 5. Jahrhundert, und sie regierten bis ins Jahr 751. Der Ursprung der Merowinger wird durch zahlreiche Mythen beschrieben. So wird berichtet, dass die Vorfahren dieser Merowinger in der Zeit um 800 v. Chr. lebten, wo sie unter anderem den Namen „Sugambrer" trugen.

Bis in die Moderne erzählen Legenden, dass der Name Merowechs (dem Namensgeber des Geschlechts) sich aus den Wörtern Meer und Mutter zusammensetzte, was wiederum auf die Legende verweist, dass ein Merowech durch seinen „normalen" Vater und ein Seeungeheuer gezeugt wurde, wodurch der Name „Mer (=Meer) winger (=Mutter)" abgeleitet werden könnte. (54)

Wenn man unter diesem Aspekt unsere Theorie weiterverfolgt, so erkennt man sehr schnell, dass dieses Seeungeheuer, das der Stammvater der Merowinger sein soll, der christliche Fisch "Ichthys" darstellen könnte.

Ein Symbol, das auch mir bekannt war. Es war dieser eine eucharistische Fisch, den man häufig auf Autos sieht – ein verbreitetes Bildmotiv der frühchristlichen Kunst.

ΙΧΘΥΣ = ICHTHYS
ΙΗΣΟΥΣ – **I**ēsoûs (neugriechisch Ιησούς Iisoús) „Jesus"
ΧΡΙΣΤΟΣ – **Ch**ristós „der Gesalbte"
ΘΕΟΥ – **Th**eoû (neugriechisch Θεού Theoú) „Gottes"
ΥΙΟΣ – H**y**iós (neugriechisch Υιός Yiós) „Sohn"
ΣΩΤΗΡ – **S**ōtér (neugriechisch Σωτήρας Sotíras)
„Retter"/„Erlöser" (55)

Dieses Fischsymbol mit dem Code war wahrlich ein Mysterium für sich. Denn es sind bis heute keine eindeutigen Beweise für die Bedeutung zum Entstehungszeitpunkt bekannt.

Doch Professor Claras wusste im selben Moment um die Bedeutung der Zahl 5 auf dem eingravierten Stein, den wir vom Förster erhalten hatten. Denn diese römisch dargestellte Zahl „5“ wurde mit im Zusammenhang mit den Merowingern und dem „Ichthys" plötzlich klar.

Der Professor erklärte mir, dass es in der Geheimgesellschaft „Fraternitas Saturni“ eine bestimmte Lehre gab. Hierzu sollten demnach die Wesenheiten aus den Sphären des Saturns für bestimmte Zwecke, im Sinnbild von fünf besonderen Planeten für einen Übergang in eine andere/bessere Zeit zuständig sein. (39)

Diese Wesenheiten werden als „Annu“ bezeichnet was wiederum ein schöner Beweis dafür war, weshalb die Anhänger von H. P. Lovecrafts Cthulhu-Mythos den „Fisch“ mit der Aufschrift „Cthulhu“ trugen. Ebenso faszinierend ist auch, dass der sogenannte Saturntempel in Rom genau „fünf“ Fundamentpfeiler mit einer wellenartigen Symbolik trägt, die bis heute noch nicht entschlüsselt worden ist.

Insgesamt erscheint dies wie ein Abbild eines Mythos des absonderlich-genialen Schriftstellers H.P. Lovecraft, der auch Hollywood mit den okkulten Weltanschauungen aus seinen Büchern inspiriert hatte. Von den Lehren der Fraternitas Saturni und manchem Inhalt aus Lovecrafts „Cthulhu-Mythos“ konnte man ableiten, dass beide sich mit sogenannten „Fischwesen“ oder auch Wesen aus den Tiefen des „Meeres“ oder einer anderen „Welt“ – die meist schuppenartig sind - beschäftigen.

War es wiederum nur ein verrückter Zufall, dass sich diese beiden Dinge – wie viele andere – noch mit diesen „Fischmenschen“ beschäftigen und diese außerdem als unsere „Schöpfungseinheit“ sahen?

Der Förster sagte doch „ ... in den Wellen der Traun, wo die Fische springen.“ Doch es ist verrückt, dass diese Traun in ihrer keltischen Entsprechung die „Anderswelt“ darstellen soll und es hier niemals

Wellen zu beobachten gab. Ebenfalls verrückt ist, dass in der Sagenwelt diese Ergänzung niemals erwähnt wurde, jedoch scheinbar den Vater des alten Försters beschäftigt hatte.

Nun, aufgrund dieser „zufälligen“ und verrückten Zusammenhänge gibt es neben unseren Theorien auch noch viele andere. In Anbetracht der Mythen rund um dieses Königsgeschlecht der Merowinger ist jedoch die von Dan Brown wohl die aktuellste und populärste von allen.

Seit dessen Bestsellern „Der da Vinci Code – Sakrileg“ oder „Illuminati“ und „Inferno“ ist der Heilige Gral in aller Munde. Er fand sogar Querverbindungen zu Leonardo da Vincis letztem Abendmahl, wo der Jünger Johannes als Maria Magdalena bezeichnet wird. Auch das sich zwischen den Schultern links von Jesus öffnende „V“ soll als diese „Gralsverbindung“ interpretiert werden.

Maria Magdalena ist eine der umstrittensten Bibelfiguren. Dennoch wird ihr auch heute noch jedes Jahr am 22. Juli in einer Höhle im „Massif de la Sainte-Baume" gehuldigt. Sie soll sich dort im Hinterland von Marseille zurückgezogen haben. Man ist sich auch noch immer unschlüssig darüber, wo die Überreste von Maria Magdalena liegen sollen. Womöglich in „Vézelay" in Mittelfrankreich oder aber auch „Saint-Maximin-la-Sainte-Baume" in der Provence. Sagt man. (56)

Der von Dan Brown entfachte Verschwörungshype, der unter anderem erklärt, dass Jesus Kinder mit Maria Magdalena gezeugt habe, spielt ebenso in der Chronik von Rennes-le-Château eine fundamentale Rolle. Demnach sollte Abbé Béranger Saunière im Altarpfeiler ein Pergament entdeckt haben, das ihm die Spur zu einem Geheimbund namens Prieuré de Sion (Bruderschaft vom Berg Zion) aufzeigte. Nun, die Geschichte von Dan Brown kann der Leser bei Interesse selbst weiterverfolgen.

Aus den eigenen Forschungen in den letzten Jahren, die bis nach Turin gingen, fanden wir auch Hinweise darauf, dass der Bund der Prieuré de Sion tatsächlich existiert. Ebenso machten wir in Turin mehrere Entdeckungen, die vom Heiligen Gral im Zusammenhang mit den Tempelrittern zeugten.

Im Jahre 1982 wurde in dem Buch „Der Heilige Gral und seine Erben" vom Autorentrio Michael Baigent, Richard Leigh und Henry Lincoln auf Seite 277 erstmals eine Deutung zur vermeintlich wahren Natur des Heiligen Grals gemacht: „Sangraal" (Heiliger Gral) sei als Sangréal (= Royal, königliches Blut) zu lesen:

„Der Gral schien also nicht nur ein Gefäß gewesen zu sein, in dem das Blut Jesu Christi aufgefangen worden war, sondern war ganz offensichtlich an das Geblüt eines Geschlechts gebunden". (57)

Die Worte wurden, wie die Autoren auf S. 286 erklären, später getrennt und zu „San Graal" und Sang Réal. In modernem Französisch ist das königliche Blut heute „Sang Royal".

Nach diesen Hinweisen war wenige Jahre später nur mehr ein Thema im Vordergrund. Demnach soll Maria Magdalena mit Jesus Christus verheiratet gewesen sein, diese hatten eines oder mehrere Kinder und ihr gelang die Flucht nach Gallien, wo sie Unterschlupf fand. Dort sollen sich die Nachkommen von Jesus Christus mit den Franken vermehrt haben, um in Folge als Merowinger das Land zu regieren.

Deshalb leuchtete es uns ein, dass dieses Herrschergeschlecht des frühen Mittelalters auch als älteste, bekannte Vertreter der Rosenlinie galt. Eine Linie, die manche als die Nachkommen von Jesus Christus und Maria Magdalena bezeichneten, andere sprechen in Verschwörungen von einer „Blutlinie" in den Kreisen der Adeligen.

Jedenfalls fanden Claras und ich bei unseren Recherchen keinerlei weitere Hinweise auf die Merowinger in Verbindung mit der Region Marchtrenk oder der Welser Heide. Einzig die Verbindung zur Filialkirche St. Georgen im Schauertal konnten wir herstellen. Bei unserer Recherchen zu dieser Kirche konnte man uns nur berichten, dass diese einst einem Adelsgeschlecht gehörte.

Hier stellten uns wir uns die Frage, ob es nun tatsächlich sein könnte, dass diese Templerkirche „St. Georgen im Schauertal“ eine Hinterlassenschaft adeligen Blutes darstellt und von den damaligen Tempelrittern – Hubertus Koch – erbaut wurde? Waren diese „Tempelritter oder Mönche“ auch in Kontakt mit Hitler, wie die Vermutungen des Versicherungsvertreters andeuten?

Der mysteriöse Sphinxkopf

Ein besonderes Indiz zu der Filialkirche St. Georgen im Schauertal ist uns bei den Recherchen in die Hände gefallen.

Im Jahre 1993/94 machte man bei Renovierungsarbeiten im Dachboden der Kirche eine besondere Entdeckung. Man fand ein in der Triumphbogenwand eingemauertes kleines „Köpfchen", das als „der Sphinxkopf“ bezeichnet wurde.

Martina Pippal schrieb in ihrem Bericht „Die Sphinx von Fischlham“, dass dieses Fundstück keltischen oder römischen Ursprungs sein könnte. Also ein Fragment einer kleinen Sphinx mit einem Köpfchen sowie zwei Pranken auf der Seite. Aus dem Bericht der Autorin geht weiter hervor, dass es sich bei diesem Relikt um ein Fundstück aus dem 13. Jahrhundert handeln sollte, das die christliche Symbolik eines Löwen hatte. „ … Thematisiert war also die Macht des Bösen über den Menschen, das heißt dessen Neigung zur Sünde.“ (58) (59)

Abb. 34: In der Filialkirche St. Georgen im Schauertal gefundenes Sphinxköpfchen

Nun, als ein neuzeitlicher Ritter in einem Orden, dessen Name ich nicht nennen will, war es auch mir kein besonderes Rätsel, was dieses Sphinx darstellen sollte. Ich erkläre Claras, dass es bei diesem Relikt um eine Symbolik der alten Templerritter geht und mit deren Gnosis in Verbindung gebracht werden kann.

Hier geht es um die vier Lebewesen aus der Johannesoffenbarung:

„Und vor dem Thron war etwas wie ein gläsernes Meer, gleich Kristall. Und in der Mitte des Thrones und rings um den Thron waren **vier Lebewesen** voller Augen, vorn und hinten. Das erste Lebewesen glich einem **Löwen**, das zweite einem **Stier**, das dritte sah aus wie ein **Mensch**, das vierte glich einem fliegenden **Adler**." (59a)

In diversen Kreisen, auch in der Ritterschaft, werden diese Tiere „Sphinxtiere" genannt und häufig angefertigt.

Grund für diese Benennung ist unter anderem die symbolhafte Zusammensetzung ihrer vier einzelnen Teile, die der ägyptischen Sphinx und den babylonischen Cherubim entsprechen. (60)

So fertigten die alten Tempelritter solche Steinfiguren mit einem Stierhinterleib, Löwenpranken, Adlerflügeln und einem weiblichen Menschkopf ähnlich der Sphinx in Anlehnung an Maria Magdalena und den vier Lebewesen aus der Johannesoffenbarung. Ein Bezug zur Bundeslade des salomonischen Tempels und Dantes Göttlicher Komödie findet sich ebenfalls in der Templergnosis. (60)

So war es für mich nun der endgültige Beweis dafür, dass diese Kirche in Fischlham eine Templerkirche gewesen sein muss. Ich finde es jedoch spannend, dass diese genau auf der Drachenlinie liegt, die sich mit Maria Schauersberg und der Stadtpfarre in Wels verbindet und sich ebenfalls in der Welser Heide befindet.

Könnte es demnach tatsächlich so sein, dass diese Templerkirche eine Spiegelung der Komturei in Ettenberg darstellt?

Der Spiegel aus dem Fresko Maria Ettenberg

Der Buchautor und Heimatforscher Valentinus hatte uns auch bei der Erklärung dieses Spiegels einen wertvollen Tipp gegeben. So beschreibt Valentinus in seinem Buch Folgendes zur Kirche Maria Ettenberg, die in der Nähe der Templerkomturei liegt:

„ … In unmittelbarer Nähe der berühmten Kugelmühle bei Marktschellenberg führt ein alpiner Steig mit herrlichen Aussichtspunkten in Richtung Ettenberg. Ist der steile Anstieg erst einmal geschafft, wandert man gemütlich durch ein bezauberndes Waldstück. Nach einigen Gehminuten eröffnet sich dem Auge, einer gigantischen Pforte gleich, ein sensationelles Panorama. Am Horizont einer prächtigen und sonnigen Almwiese erhebt sich das mächtige Massiv des Untersbergs mit seiner gewaltigen Südwand.

Ein kleiner Pfad führt entlang einer Haselnusshecke zur Hochebene des Almbergs, wie zu frühen Zeiten Ettenberg genannt wurde. Schritt für Schritt wächst die Wallfahrtskirche Ettenberg heran. Erreicht man die Kirche, bietet sich dem Auge des Wanderers eine betörende Aussicht in die Berchtesgadener Alpenwelt. Allen voran der majestätische Untersberg.

Der ganze Ort hier oben ist von einer wohltuenden Stille durchdrungen. Überhaupt beschleicht einen manchmal das Gefühl, als befände man sich inmitten einer monumentalen Kulisse eines uralten Mysterienspiels. Was nicht weiter verwundert, haben sich an diesem Ort viele der berühmten Untersbergsagen, Legenden und Geschichten zugetragen. Darunter jene von Eugen Köberle oder den sagenhaften Tempelrittern …“

„…1695 wurde hier an einem Lindenbaum eine Marienfigur gefunden. Rasch verbreitete sich die Kunde von Heilungen und Wunder, welche sich an diesem Ort ereigneten. Aufgrund der schnell zunehmenden Pilgerzahl wurde schon bald eine hölzerne Kapelle errichtet, und um 1724 wurde der Grundstein zum Bau der heutigen Wallfahrtskirche gelegt.

Im Verlauf ihrer Geschichte erfuhr die Kirche einige Zubauten und viele Renovierungsarbeiten. Betritt man die Kirche in ihrer heutigen Gestalt, wird man sofort der machtvollen Stille gewahr, welche in ihrem Inneren herrscht. Sie ist ein wunderbarer Ort der Meditation und eine Stätte tiefgründiger Symbolik."

Valentinus entschlüsselt in seinem Buch die Symboliken und Darstellungen in den Kirchenaltären und den Fresken der sagenumwobenen Kirche. Unter anderen wird auf die Symbolik des mysteriösen Deckenfreskos eingegangen. So wird in diesem Zusammenhang beschrieben, dass

„... die Zusammenhänge mit der Geschichte von Isais und der Darstellung des Freskos eine hoch interessante Sache darstellen. Diese betreffen nicht nur die altorientalische Geschichte von Königin Esther und König Xerxes sowie den Tempelrittern mit Isais aus Ninive, sondern ebenso die drei mystischen Gegenstände: der Stein, der Speer und der Spiegel. Diese Ähnlichkeiten sind auffallend. So ist es möglich, dass bei der Erschaffung des Freskos der Künstler Warāthi (Warathy) ebenfalls die Geschichte der Tempelritter im Kopf hatte." (29)

An dieser Stelle soll auf die Besonderheit des Spiegels in diesem Deckfresko eingegangen werden. Alle anderen Themen würden leider den Rahmen dieses Buches sprengen.

Neben dem Stein und dem Speer ist in unserem Fall eher das **Geheimnis der Spiegel** von Bedeutung. In diesem Zusammenhang ist es naheliegend die Symbolik des Spiegels der babylonischen Göttin Ishtar (auch Ištar oder sumerisch Inanna) heranzuziehen. So erklärte mir ein mit Claras befreundeter Freimauer, dass dieser Spiegel der Göttin Ishtar die Fähigkeit hat, durch die Grenze ins Jenseits zu sehen.

Dieser Spiegel repräsentiert die Klarheit des wahren Seins in allen Dingen – auch in der eigenen und persönlichen Entwicklung. In Anbetracht dessen, dass dieser Spiegel mit Maria Magdalena und anderen Figuren dargestellt wird, kann man ebenso eine Ableitung zur ganzen Geschichte Jesaja in der Bibel herstellen.

Abb. 35: Deckenfresko in der Kirche Maria Ettenberg

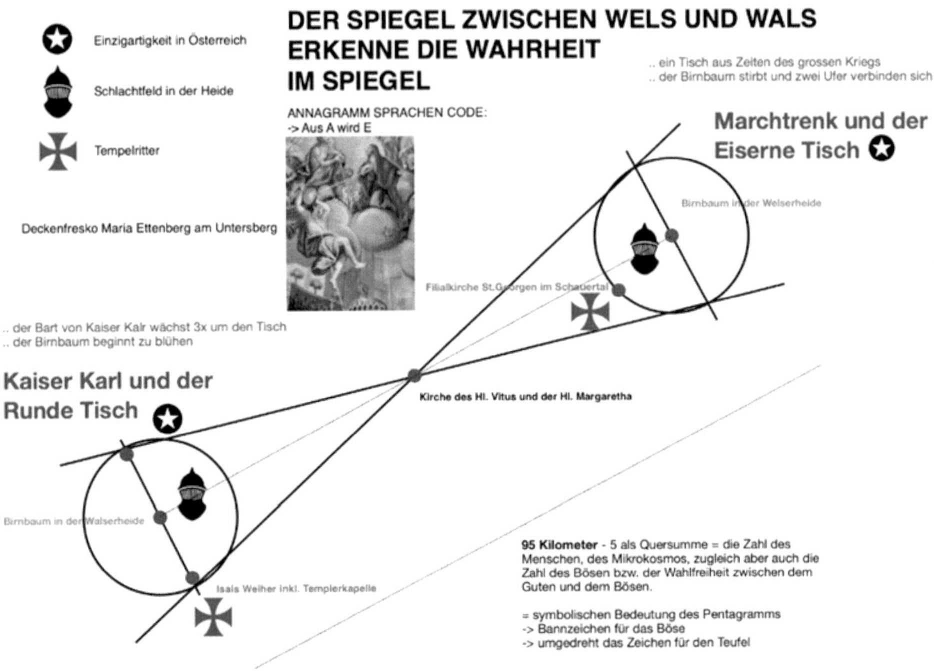

Abb. 36: Geomantische Grafik „Spiegelung Untersberg bis Marchtrenk“

Hier soll die entsprechende Stelle der Bibel zitiert werden, die auch Bestandteil eines Rituals des 21. Freimaurergrades ist, wie mir ein Freund erklärte:

„Wehe denen, die Böses gut und Gutes böse heißen, die aus Finsternis Licht und aus Licht Finsternis machen, die aus sauer süß und aus süß sauer machen!“ (Jesaja 5:20)

Mal ganz locker gesagt – Wehe denen, die alles spiegeln, wehe denen, die solch eine Spiegelung verkünden. In diesem Ritual war es nun einmal die Aufgabe, sich bewusst zu werden, dass es Spiegelungen gibt und diese nicht angezweifelt werden dürfen. Ein Widerspruch in sich zur betroffenen Bibelstelle, jedoch wurden diese Rituale so gehandhabt, dass man eigentlich auf die Schnelle keinen Bezug dazu herstellen konnte. Denn: wer würde das schon bezweifeln?

Nun, in Anbetracht dessen, dass die Freimaurerei das Arbeiten an sich selbst in den Vordergrund stellt und der Baumeister der Welten als heilig angesehen wird, kann bereits gesagt werden, dass es naheliegend ist, in einem Ritual der besonderen Zahl der Tempelritter – der Zahl 21 (21. Grad) – die Spiegelung von Dingen gutzuheißen.

Finden wir nun hier ein Indiz und eine Symbolik zur bewussten Verdrehung der Dinge, dargestellt in der Kirche Maria Ettenberg am Untersberg?

Die Wahrheit hinter der Spiegelung

Besonders faszinierend sind auch die magischen Lehren der Rosenkreuzer zu den Spiegelungen. Hierzu hatten Claras und ich uns mit einem Großmeister unterhalten, der uns einige faszinierende Einblicke in dieses Thema gegeben hat.

Nach den Lehren der Rosenkreuzer war die Spiegelung in verschiedenen „Dingen“ eine Art Blick in eine andere Realität. Dieser Blick wurde unter anderem in der angewandten Alchemie und Magie genutzt. Demnach sollte unsere Welt für eine verzerrte Spiegelung der spirituellen Realität stehen. Der Magier betrachtete in diesem Zusammenhang die materielle Welt im Zeitpunkt des Erlebens sinngemäß als existent.

Er wusste jedoch von der Komponente der Zeit, der Vernichterin der materiellen Realität. Was demnach jetzt existiert, muss später nicht mehr sein. Materie selber ist im Strom der Zeit beliebig umformbar. Der Faktor Zeit ist demnach verantwortlich für Erschaffung von Allem, für die eine bestimmte Zeit andauernde Manifestierung und für die Vernichtung. Also für eine endlos wandelbare Welt, eine verzerrte Spiegelung der spirituellen Realität. Der reale Hintergrund hinter der zeitweiligen Spiegelung ist die ewige transzendentale Realität.

Ein wichtiger Bestandteil in dieser Lehre war unter anderem das Wissen darum, dass der Spiegelung immer die Dimensionen des Gespiegelten fehlte. Dies konnte uns der Rosenkreuzer an dem Beispiel einer Wasserpfütze erklären:

In der Pfütze erkennen wir zumeist eine Reflektion der Wasseroberfläche, also das zweidimensionale Bild des gespiegelten Objektes. Doch hierzu fehlt es an der Dreidimensionalität des Objektes, die nur der Mensch selber zur Realität machen kann.

Meist finden wir die Erinnerung an das Gespiegelte - was auch immer dies sein möge. Durch den Fokus des Suchenden oder auch des Magiers auf diese spirituelle Komponente, können also aus der Wahrnehmung dieser materiellen Welt Erinnerungen der Seele an die wahre Natur, dem wahren Spiegelbild, geweckt werden. Nicht umsonst heißt auch ein Sprichwort, dass man im Spiegel immer die Wahrheit erkennt.

Meist sprechen wir im Zusammenhang mit Spiegelwelten und den Empfindungen hierzu auch von einer Illusion, die in unserer Welt als ein Normalzustand angesehen werden kann. Denn jeder Mensch sieht nur das, was er gewohnt ist zu sehen, oder was er sehen möchte. Der Rosenkreuzer erklärte uns das sogenannte „Resonanzgesetz", das hier zur Anwendung kommt.

Doch selbst wenn der Suchende die Filter des Resonanz ablegen sollte, erkennt dieser nur eine relative Realität. Relativ deshalb, weil sie immer vergänglich ist. Die Realität von heute ist die Vergangenheit von Morgen und somit nicht mehr existent.

So klärte uns der Rosenkreuzer, dass unsere bekannte materielle Welt nur eine verzerrte Spiegelung der spirituellen oder auch „wahren" Welt darstellt. Diese „wahre" Welt sei unter anderem der „Schatten" oder auch eine Abstraktion der spirituellen Welt, welche von echter Substanz ist. In den Geheimwissenschaften und persönlichen Lehren der einzelnen Logenmitglieder sei es demnach essenziell, zu erfahren und zu wissen, dass unsere Seele jede Erinnerung an diese substanzielle Welt verloren hat und folglich wiedererweckt werden soll.

Meist werden die Merkmale der wahren Welt auf verdrehte Weise in diese materielle Welt heruntergespiegelt. Diese Welt wird uns auf eine verzerrte und unverständliche Art von unseren fehlerhaften Sinnen vorgetäuscht.

Demnach sollten sich die Suchenden in der Loge hierzu entscheiden, ob sie der absoluten Wahrheit dienen wollen. Wenn sich das Logenmitglied dazu entschlossen hat, diesen Weg zu gehen, ist es an den Großmeistern, den Suchenden zu unterrichten. Hierzu wird zuallererst einmal klar zu erkennen gegeben, dass die Welt, wie sie uns von den materiellen Sinnen vorgegaukelt wird, nicht die Welt ist, mit der die Seele etwas zu tun hat.

Es geht um das Erkennen der „wahren" Natur des Menschen und der Welt, abseits der Spiegelung nur in 2D bzw. unserer bekannten Realität. (66)

△

Das gespiegelte Fresko in Ettenberg

Da wir nun zwei Templerkirchen und zwei besondere Birnbäume mit einer möglichen, bewusst gespiegelten, Endzeitschlachtsage vorgefunden hatten, war es naheliegend, dieses Deckenfresko mit dem „Spiegel" und dem Strahl etwas näher zu betrachten.

Jochen, ein Forscherkollege von uns, machte uns auf eine Sache aufmerksam, die mehr als erstaunlich war im Zusammenhang mit der „Spiegelung". So sagte er uns, dass der Spruch am Kircheneingang »Siehe, deine Mutter!« eine wichtige Rolle dabei spielt, das Fresko zu entschlüsseln.

Denn er sollte der Schlüssel hierzu sein. Bewusst oder unbewusst sei in diesem Zusammenhang dahingestellt. Denn der Rosenkreuzer erklärte uns, dass die materiellen Dinge, die geschaffen wurden, meist eine unbewusste Kreation des Unterbewusstseins sein sollen, die genau die Spiegelung und die Sichtbarmachung der Wahrheit offenbaren könnten.

Doch war es auch kein Geheimnis, dass diverse Künstler und „Wissende" bewusst Dinge, Geschichte und vieles mehr gespiegelt hatten, sodass die Menschen die Wahrheit niemals offensichtlich finden könnten.

Nachdem wir mit dem Rosenkreuzer über die Inschrift »Siehe, deine Mutter!« gesprochen hatten, empfahl er uns, dass wir in der Bibel unter dem Stichwort „Mariä Verkündigung" nach der entsprechenden Stelle suchen sollten. Mit einem Augenzwinkern ergänzte er, dass es am Untersberg insgesamt drei besondere Kirchen gab, die zur Aufklärung dieses Spiegelmysteriums beitragen könnten – wenn wir diese finden würden.

Am Beispiel des Deckenfreskos in Maria Ettenberg wurde somit das gesamte Bild auf der Achse des Spiegelstrahls gespiegelt.

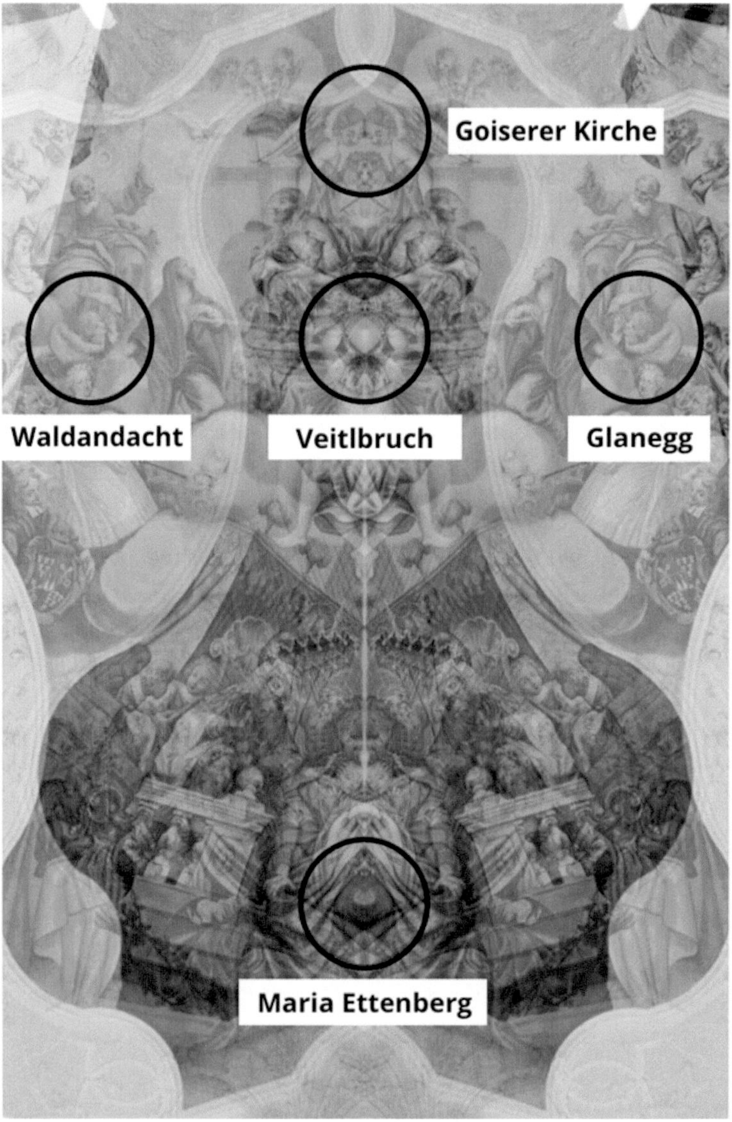

Abb. 37: Das gespiegelte Fresko in der Kirche Maria Ettenberg

Wichtige Anmerkung: Die Kirche Maria Ettenberg ist in Richtung West/Ost ausgerichtet. Das Bild des Deckenfreskos wurde wegen dem

Hinweis von Jochen und dem Rosenkreuzer **um 19 Grad gedreht**, sodass der Lichtstrahl vertikal gespiegelt werden kann.

Diese **19 Grad** ergeben sich auch durch die Quersummen des Bibeltextes (Joh 19,27) zur Inschrift bei Eingang Maria Ettenberg »Siehe, deine Mutter!«

Joh 19,27 – Quersummenberechnung:

-> 19 = 1+9=10 -> 1+0=1

-> 27 = 2+7 = 9

1 und 9 = 19.

Dies war die Besonderheit der Inschrift, mit der dieses Fresko entschlüsselt werden konnte.

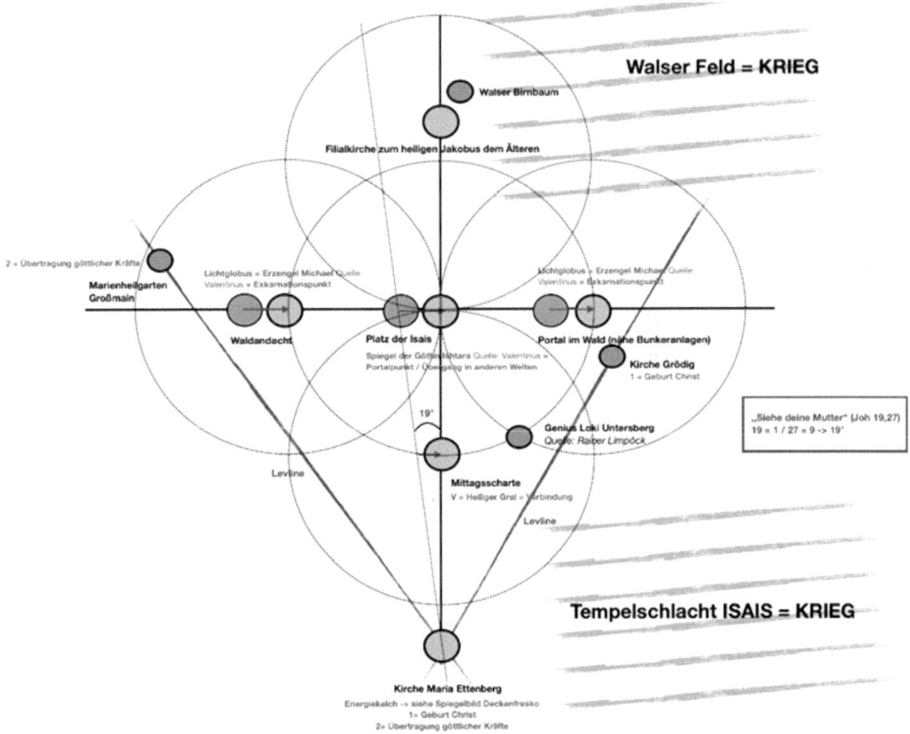

Abb. 38: Geomnatische Grafik „Portalpunkte am Untersberg“

Das entschlüsselte Deckenfresko

Das Besondere an diesem Spiegelbild sind gleich mehrere Dinge. Zu einem wurde vor der Erstellung des Spiegelbildes mittels Photoshop (um die Achse gespiegelt) eine geomantische Grafik angefertigt, um sehr wichtige Punkte am Untersberg zu kartografieren. Ziel dieser Sichtbarmachung aus der Karte heraus war es, unter anderem wichtige und verschlossen Portalpunkte sichtbar zu machen.

Ich selber wurde im März 2020 von einem Geheimbund, dessen Name nicht genannt werden darf, damit beauftragt, eine solche Karte zu erstellen. Ziel des Bundes war es unter anderem, Portaltore in einem Ritual zu öffnen. In dieser geomantischen Karte wurden folgende Orte/Punkte sichtbar gemacht.

Beispielsweise finden wir links in der Karte die sogenannte **Waldandacht**. Markus Jonathan Koch beschreibt in einem Zeitungsartikel vom 23 November 2015mit dem Titel „Waldandacht am Untersberg mit Pfarrer Herbert Schmatzberger" Folgendes zu diesem Ort:

„Die Waldandacht bei Großgmain (von Bruchhäusl Richtung Latschenwirt) ist ein wunderbarer Ort der Stille und Einkehr mitten im Wald am Fuße des Untersbergs. Ihre Besonderheit erfährt sie durch die Weihnachtsfeier der Pfarre Großgmain jedes Jahr am 25. November um 23 Uhr. Dieser Termin beruht auf Visionen der seliggesprochenen Anna Katharina Emmerich und weiterführenden Berechnungen (weitere Auskünfte durch die Pfarre Großgmain). Eine andere Zeitrechnung?

Tatsächlich liegt die Waldandacht auf der - von mir so genannten - Kyrilllinie, jener Linie einer Zeitanomalie zwischen Salzburger Hochthron bzw. Mittagsscharte am Untersberg und der Waldandacht bei Großgmain. Auch von der Waldandacht wurden mir von unerklärlichen Zeitverlusten berichtet." (67)

Demnach wird an diesem Ort von Zeitanomalien berichtet. Claras und ich wussten ja bereits, dass sich hinter dieser sogenannten Waldandacht ein Portalpunkt bzw. ein sehr starker Exkarnationspunkt befindet. Damals, bei unseren Buchrecherchen, hatten wir bereits einige Erfahrungen an diesem Ort sammeln dürfen.

Abb. 39: Die Waldandacht

Weiterführend finden wir auf der Karte den sogenannten Veitlbruch oder auch den **Platz der Isais**.

Rainer Limpöck beschreibt auf seiner Homepage kraftpunkte.org Folgendes zu diesem Platz:

„Zu bemerken wäre auch noch, dass die Veitlbruchquelle bereits im Einflussbereich der Zeitanomalie des Untersberges liegt, die auch durch die Kyrilllinie gekennzeichnet ist.“ (68)

Auch dieser sogenannten Veitlbruch war uns beiden mehr als bekannt. Dieser wurde damals auch als der sogenannte Platz des Isais beschrieben. Ein Platz, an dem viele Menschen ein Portal gesehen hatten oder wahrgenommen haben wollten. In meinen Büchern war dieser sogenannte Veitlbruch auch immer wieder ein wichtiges Thema, wenn es um „verrückte“ Ereignisse ging.

Einen weiteren **Portalpunkt im Wald** fanden wir in der Nähe von Glanegg in einem Waldstück, das oberhalb der alten Bunkeranlagen liegt. Hier konnten wir im Sommer 2020 feststellen, dass sich selbst dort, an einem bestimmten Platz im Wald, ein starker Exkarnationspunkt befindet, der auch geomantisch bestätigt werden konnte.

Wie auf der Karte ersichtlich, liegen nun diese drei Orte auf einer Linie, die zugleich einen horizontalen Balken in der Grafik darstellt. Eine weitere Besonderheit ist vor allem die Tatsache, dass genau auf dieser Linie die sogenannte Kyrillinie kreuzt.

Diese wird von Rainer Limpöck wie folgt beschrieben:

„Der Orkan Kyrill am 18.01.2007 hinterließ am Untersberg eine Schneise der Verwüstung. Diese **Schneise deckt sich mit der Zeitlinie** und macht deutlich, dass an **geomantisch labilen Zonen Naturkräfte sich potenzieren** oder diese förmlich anziehen, so dass die Zeitlinie nun auch als „Kyrill-Linie” bezeichnet wird. (69)

Betrachten wir nun auf der Karte den vertikalen Balken, so erkennt man, dass sich genau am Veitlbruch, dem wichtigsten Portalpunkt, eine Kreuzung befindet. Das Kreuz macht in diesem Fall auch die Wichtigkeit des Ortes sichtbar.

Ein weiterer Punkt ist die sogenannte **Mittagsscharte** am Untersberg. Zu dieser schreibt der Salzburger Ethnograf und Historiker Franz Valentin Zillner:

„... (Die) Mittagsscharte, aus welcher man in die große Höhle, den Steinernen Kaiser, gelangt, durch welchen allen Sagen zu Folge der Eingang in des Berges Inneres sich befindet ...“ (69).

Die Mittagsscharte selber stellt demnach einen sehr besonderen Punkt dar, an dem sich viele Menschen, Autoren und Mystiker darin versuchen, dieses mysteriöse „V“ im Berg zu deuten und dieses ebenso zu beschreiben. Der Buchautor Rainer Limpöck beschreibt in seinem Büchern „Mythos Untersberg. Kraftort, Heiligtum, Anderswelt", „Mythos Untersberg – Die 12 Mysterien des Wunderberges" und „Hoch und Heilig – Begegnungen von Menschen und Geistern am Untersberg" einige Phänomene, die wissenschaftlich so nicht erklärbar sind.

So meint Limpöck, dies sei der „... Ort, wo „Mittelerde" beginnt, wo der Riese Abfalter mit seinen göttlichen Kräften gestaltgebend gewirkt hat, wo Heilung geschieht, wo die Sonne in die Unterwelt einstrahlt, wo sich Himmel und Erde verbinden." (70)

Folgen wir nun der Linie weiter abwärts, so finden wir die bereits beschriebene Kirche **Maria Ettenberg** mit ihrem mysteriösen Deckenfresko und ihrer geomantisch abziehenden Energie, die wohl bewusst seitens der Kirche erschaffen wurde.

Abb. 40: Die Mittagscharte vom Untersberg

Das Besondere an diesen beiden Grafiken sind nun die einzelnen Orte im Zusammenhang mit dem gespiegelten Deckenfresko und seiner Symbolik. So erkennen wir z. B. am Deckenfresko, dass der Veitlbruch genau im dargestellten Spiegel des Freskos liegt. Der sogenannte Lichtstrahl der Mutter Maria kann somit mit dem Balken in der geomantischen Grafik verglichen werden. Ebenso spannend sind vor allem auch die beiden Punkte **Waldandacht** und **Glanegg**, die sich am gespiegelten Fresko jeweils links und rechts befinden und jeweils einen Engel namens Erzengel Michael abbilden.

Valentinus beschreibt hierzu in seinem Buch Folgendes zum Lichtglobus:

„... Der Lichtglobus steht für Vollkommenheit, die Herrschaft Christi über die Welt. Christus – unser wahres Ich – der alle Kraft der Schöpfung, der Welt, in sich trägt und deshalb die Herrschaft über die gesamte Schöpfung innehat. Ein kleines, fast unmerklich über den Umhang schwebendes Kreuz bekräftigt, dass es sich um den Lichtglobus handelt." (71)

Folglich konnten Claras und ich bereits die Ableitung herstellen, dass diese sogenannten Portal- oder auch Exkarnationspunkte Orte der Vollkommenheit waren, die durch ein wahres Menschsein von der Schöpfung berichten könnten und deshalb auch als Portalpunkte bestätigt werden können.

Es ist nicht schwer zu erkennen, dass durch diese Portalpunkte ein Lichtstrahl zum Veitlbruch, dem Portalpunkt am Untersberg, führt. Wie bereits zuvor beschrieben, hat dieser Spiegel der Göttin Ishtar die Fähigkeit, ins Jenseits zu sehen. Dieser Spiegel repräsentiert demnach die Klarheit des wahren Seins in allen Dingen – auch in der eigenen und persönlichen Entwicklung sowie der natürlichen Formung der Natur – einem geomantischen Akupunkturpunkt oder auch Portalpunkt, an dem ein Übergang in anderen Welten möglich wäre.

Besonders spannend ist auch die Tatsache, dass sich dieser Lichtstrahl durch ein, sich durch die Spiegelung ergebendes „V“ hindurchgeht, was in der Realität die Mittagsscharte darstellen könnte und in Ettenberg endet. In Anbetracht der gespiegelten Grafik kann auch hier gesagt werden, dass dieser Lichtstrahl nicht „endet“, sondern in einem Gefäß aufgefangen wird, was wiederum auch die abziehende Energie der Kirche bestätigen könnte.

Hier stellt sich nun die Frage, ob dieser Ort in der Kirche Maria Ettenberg bewusst genutzt wurde, um die geistigen Kräfte des Untersbergs mit seinen bestehenden Portalpunkten zu bündeln und in einem symbolischen, energetischen „Gefäß“ einzusammeln? Und wenn es so ist, weshalb?

Der Rosenkreuzer hatte demnach mit seinem Hinweis zur „Mariä Verkündigung“ nicht unrecht. Wir fanden auf der geomantischen Karte zwei Kirchen. Zum einem die **Kirche in Großgmain** mit ihrem Marienheilgarten und zum anderen die **Kirche in Grödig**.

Interessanterweise konnte man auch hier wieder ein „V“ erkennen, wenn man diese Leylinien mit Maria Ettenberg verbindet. Tatsächlich – die Pfarrkirche Grödig ist eine auf das Patrozinium Mariä Verkündigung geweihte römisch-katholische Pfarrkirche.

Demnach ist also die Verkündung des Herrn, „... ein Fest im Kirchenjahr und zugleich die Bezeichnung für das im Lukasevangelium geschilderte Ereignis der Verkündigung durch den Engel Gabriel, dass die Jungfrau Maria den Sohn Gottes vom Heiligen Geist empfangen und ihn gebären werde.“ (72)

Am anderen Ende der Karte finden wir nun die Pfarr- und Wallfahrtskirche „Unserer Lieben Frau Himmelfahrt“, eine römisch-katholische **Marienkirche in Großgmain**. Eine Besonderheit zu unserem „Isais“ Spiegel finden wir auch dort.

Heute steht ein Marienbrunnen aus dem Jahre 1693 mit der sogenannten „Maria lactans“ (stillenden Maria), einer milchspendenden Madonna mit einem Doppelkopf, auf dem Platz vor der Kirche. Dieses

Bildmotiv der Maria lactans stammt ursprünglich aus der alten ägyptischen Kultur. (74)

Ein Symbol, wo die Göttin Isis den Horusknaben stillt, somit ein Bildnis, wo Isis ihrem Sohn mit ihrer Milch göttliche Kräfte überträgt. Claras und ich fanden hier an dieser Kirche Hinweise dafür, dass es sich um einen uralten Kultplatz gehandelt haben muss.

Angesichts des Heilwassers und des dargestellten Hahns auf der Wasserentnahmestelle im Heilgarten bei der Kirche konnten wir hier eine Verbindung mit dem bekannten „Gallus" am Beispiel der Maria Schauersbergkirche in der Nähe von Wels herstellen. Es handelt sich folglich um ein Symbol für die Übernahme eines Kultplatzes.

Auch an dieser Kirche haben wir dieselben Entsprechungen wie an der Maria Schauersbergkirche gefunden. Einen besonders ausgeprägten Venusplatz und die Tatsache, dass im Turm der Kirche einst ein Blitz eingeschlagen hat, was weiterführend auch die Isais-Symbolik erklären könnte. Nämlich die Doppelgesichtige Maria lactans auf dem stehenden Halbmond.

Bei unseren Recherchen haben wir auch gesehen, dass „die geschichtlichen Anfänge unserer Wallfahrtskirche ‚Zu unserer lieben Frau' im Dunklen liegen." (75)

Besonders spannend ist außerdem, dass der Künstler Innozenz Anton Warathy in der Kirche Maria Ettenberg und in der Marienkirche in Großgmain Deckenfreskos gemalt hatte. Bei beiden Kirchen finden wir diesen mysteriösen Lichtstrahl, der von mehr zeugen könnte, als nur einer zufälligen Eingebung des Künstlers.

Angesichts dieser beiden Grafiken und den Entsprechungen hierzu, kann folglich gesagt werden, dass es bei diesem „Spiegelbild" wohl unbewusst oder bewusst um ein Abbild der geistigen, energetischen Kräfte in der Landschaft geht. Ein Abbild, das mit dem Code „Siehe deine Mutter" kartografiert werden kann, womit eine weitere Bestätigung dafür vorliegt, weshalb diese Kirche Maria Ettenberg und die einzelnen Portalpunkte am Untersberg so besonders zu sein scheinen.

Ein Einheimischer aus der Region Berchtesgaden berichtete uns, dass in der Kirche Maria Ettenberg von Kirchenanhängern ungefähr alle zwei Monate diverse Rituale abgehalten werden. Nach unserem Gespräch wäre ja zu vermuten, dass dies keine Besonderheit ist, doch der Einheimische berichtete uns von einer ca. 1,5 m hohen Doppelkopffigur auf einem Stab.

Dieses Indiz war wiederum hochinteressant, da wir daraus auf die neuzeitlichen Neo-Tempelrittern mit ihrer Baphomet-Figur schließen konnten.

Daher stellten wir uns die bedeutsame Frage, ob die Templer, die Kirche oder sonst jemand die Energie der Kirche nutzten. Folglich, wie auf der Grafik dargestellt, konnten wir nun sicher sein, dass wichtige Energieflüsse durch die Leylinien bzw. den Spiegelstrahl eingefangen werden. Hatten diverse Orden oder Geheimbünde tatsächlich davon gewusst? Wird hier, an dieser Kirche, die Energie mittels eines Rituals eingefangen und gebündelt? Zu welchem Zweck?

Abb. 41: Die doppelköpfige Madonna an der Kirche Großgmain

Am Deckengemälde in der Kirche Maria Ettenberg ist uns ein weiteres spannendes Indiz im Zusammenhang mit Wels bzw. der Welser Heide aufgefallen. Der damalige Künstler Innozenz Anton Warathy hatte sein Handwerk von Wolfgang Andreas Heindl erlernt. Dieser war unter anderem Maler und Hausmeister am Kremsmünster Freihaus in Wels. Eine Abschrift bestätigte uns ihre Zusammenarbeit:

„Zeitgleich zu Warathy arbeitete Wolfgang Andreas Heindl am Deckengemälde der Klosterkirche in Metten, was vermuten lässt, dass es „eine Verbindung, zumindest aber [...] einen stilistischen Einfluß" Heindls auf Warathy gab." (81)

Nach einigen Nachforschungen erkannten wir in den Werken des Wolfgang Andreas Heindl ebenso Spuren von templerischen und freimaurerischen Symbolen. Besonders auffällig ist vor allem die ständige Darstellung eines Lichtstrahls in den besonderen Kirchen hinsichtlich der Geomantie. Claras und ich hatten hierbei die Vermutung, dass es tatsächlich sein könnte, dass Innozenz Anton Warathy diese Weisheit bzw. Symbolkraft von Heindl erlernt hatte.

Weiterführend könnte es sogar möglich sein, dass dieser eingeweiht wurde in eine Sache, die man anhand der Spiegelgrafik und des gespiegelten Bildes des Freskos von Ettenberg erklären konnte. Doch wir wussten auch, dass dies nur vage Vermutungen waren, die jedoch sehr eng bei den Fakten lagen.

Ein besonders auffallendes Gemälde der Künstler **Wolfgang Andreas Heindl** und **Innozenz Anton Warathy** waren unter anderem die Fresken und Gemälde in der Klosterkirche Metten. Hier erkannten wir im Fresko von Wolfgang Andreas Heindl über der Orgelempore König David, der vor der Bundeslade Harfe spielt.

König David war „ ... laut *1. und 2. Buch Samuel, dem 1. Buch der Könige und dem 1. Buch der Chronik des Tanach und des Alten Testaments der Bibel König von Juda und ... Nachfolger Sauls auch von Israel. David wurde als jüngster Sohn Isais (Jesse) in Bethlehem geboren" (82)*

Hier fragt man sich, weshalb der Künstler solch ein Bild erschaffen hat, noch dazu in einem der ältesten Klöster Bayerns, das ebenso bekannt war für seine faszinierende Bibliothek und die urkundlichen Hinterlassenschaften der Tempelritter. Wie es uns auch der Rosenkreuzer bestätigt hatte, nachdem wir mit ihm über diese Zusammenhänge gesprochen hatten.

Ein weiterer Punkt auf dieser entschlüsselten Grafik ist unter anderem der obere Punkt des abgebildeten Kreuzes. Zufällig liegen genau an diesem Punkt die **Filialkirche zum Hl. Jakobus in der Gois** und **der Walser Birnbaum**. Das Besondere an dieser Kirche und der kleinen Ortschaft sind mehrere Dinge. Zu einem finden wir, wie bereits beschrieben, das Walser Feld bzw. den Walser Birnbaum, und zum anderen sind es die Kirche und der angrenzende Hügel.

Abb. 42: Die Goiserer Kirche

Man sollte in diesem Zusammenhang bedenken, dass der Name „Gois“ sich aus dem keltischen Wort „Heilig“ ableitet. Von einer kleinen Erhebung hinter der Kirche, dem sogenannten „Goiser Hügel“, hat man einen wunderbaren Ausblick über Wals. Dieser besondere Hügel mit seiner Geschichte der geheimen Gänge, die sogar bis zum Untersberg führen sollten, wird von einigen Einheimischen ebenso als ein Kraftplatz angesehen, der zu früheren Zeiten als Wachtturm genutzt wurde.

Claras und mir ist gleich bei einem Besuch in dieser Kirche das Fresko am Südportal aufgefallen. Dieses zeugt bei näherer Betrachtung von der Todesangst Jesu auf dem Ölberg. Als wir die Kirche im Inneren begutachtet hatten, konnten wir sogar einen Hinweis auf zwei Welten feststellen, die sich auf malerische Art verbinden. An der Gewölbekappe des Langhauses wird somit das Ebenbild des Gartens im Paradies symbolisiert. Das erinnert an das gespiegelte Beispiel in Wels, wonach sich zwei Welten oder auch zwei Ufer miteinander verbinden sollen, wenn die Endzeit anbricht.

Abb. 43: Glasstein am Energievortex der Goiserer Kirche

Abb. 44: Gemälde mit Lichtstrahl in der Kirche Großgmain

△

Besonderheiten rund um den Welser Birnbaum

Die Ortmair-Kapelle in Marchtrenk

Nun soll das gespiegelte Mysterium in den Untersuchungen und Landschaftsmythologischen Forschungen in der Welser Heide weiter betrachtet werden.

Hier ist uns aufgefallen, dass auf dem Birnbaum bei Marchtrenk eine Leylinie direkt über die „Ortmair-Kapelle“ verläuft. Diese wurde im Jahre 1837 von Schiffermüllner errichtet und ist eine Herz-Jesu-Kapelle, an der genau zwischen 2 Bäumen eine Leylinie bis in das Vitalzentrum von Marchtrenk verläuft – dem Wald beim Waldfriedhof.

Das Besondere an dieser Kapelle ist unter anderem, dass diese genau auf einer Leylinie liegt und auf der Hinterseite ein Herz-Jesu-Gemälde auszumachen ist, das die Jungfrau Maria, dargestellt mit einem Schwert der endenden Zeit, zeigt. Das Abbild der Maria ist unter anderem auch bekannt als die „Mater Dolorosa” oder auch „Schmerzensmutter“. Diese Symbolik erklärt unter anderem die lebenslangen Sorgen von Maria um ihren Sohn Jesus Christus. Im Normalfall wird diese Symbolik jedoch mit 7 Schwertern dargestellt, was die 7 Schmerzdarstellungen zeigen soll. (76)

In dem Gemälde der Ortmair-Kapelle finden wir jedoch nur ein Schwert, das in die Brust der Maria eindringt. Diese Darstellung steht demnach in Verbindung mit dem geöffneten Heiligsten Herzen Jesu, das bildhaft dargestellt von einem Schwert durchbohrt wird. (77)

Da diese Kapelle auf einer Leylinie verläuft, und in der Kirche Heiligenkreuz bei Kremsmünster beginnt, wunderte es uns nicht, weshalb genau solch ein Platz für die Erbauung ausgewählt wurde.

Abb. 45: Die Ortmairkapelle in Marchtrenk und Ihr Herz-Jesu-Gemälde

Claras erklärte mir bei der Gelegenheit erneut, dass solche Plätze von der römisch-katholischen Kirche stets bewusst dazu genutzt wurden, um im Rahmen der Christianisierung die Herz-Jesu-Symbolik (zur Verehrung Jesu) auf alten keltischen Kultplätzen anzubringen.

Die Idee hinter einer „Christianisierung“ kann wie folgt erklärt werden:

„Man hat im wahrsten Sinne des Wortes Himmel und Hölle in Bewegung gesetzt, um jede Spur davon zu vertuschen und verschwinden zu lassen ... Die keltisch-druidische Spiritualität ist frei, ungebremst, funkelnd und energiesprühend ... Sie bindet das wirkliche Leben in der Materie übergangslos mit ein. Es gibt hier keine duale Trennung von „gutem Geist“ und „böser Materie“. Die Materie und das Leben an sich sind höchster Ausdruck der Entfaltung des Geistes! Und mit Religion hatte das gar nichts zu tun ...“ (61)

Claras und ich waren uns auch hier wieder einig, dass der versteckte Hinweis mit dem dargestellten Lamm/Osterlamm in der Herz-Jesu-Kirche Wels genau hierher führen sollte, nämlich zur Herz-Jesu-Kapelle (Ortmaier-Kapelle) in Marchtrenk bei dem *biblischen Wolf und der damit einhergehenden Überwindung des Todes und die Wiedergeburt eines neuen Zeitalters*. Demzufolge nach „Marchtrenk“ zum „Welser Birnbaum und seiner „möglichen Endzeit“.

Nachdem wir mit einem Theologen aus Linz gesprochen hatten, der uns über das Mysterium der Herz-Jesu-Symbolik aufklärte, wurde es uns noch klarer, weshalb genau an dieser Stelle die Kapelle steht.

Der Theologe erklärte uns, dass nach der Johannespassion Jesus gestorben sei, als im Tempel die Lämmer für Pessach geschlachtet wurden. Der Evangelist erkennt folglich hier in Jesus das Lamm, das die Sünden der Welt nimmt (Joh. 1,29) und daher als ein sehr wichtiger Bestandteil in der Symbolik der Herz-Jesu-Lehren beinhaltet ist.

Darin erkannten Claras und ich wieder einen verblüffenden Zufall zum Thema „Offenbarung und Endzeit.“

Der Waldfriedhof Marchtrenk

Weiter im Norden fanden wir den Waldfriedhof von Marchtrenk, in dessen Wald wir direkt auf der Leylinie einen sehr ausgeprägten Efeubewuchs feststellen konnten.

Angesichts der majestätischen Kronen und mächtigen Stämme von nahezu allen größeren Bäumen, ist es kaum verwunderlich, dass Bäume in manchen Kulturen hoch angesehen waren. Doch neben den Bäumen waren auch Pflanzen ein Gegenstand der Verehrung. Beispielsweise die Kletterpflanze Efeu (Hedera helix).

Die Kelten sahen in den zackigen Blättern des Efeus die fünf Aspekte einer Göttin. Diese waren: Geburt, Initiation, Liebe, Regeneration, Tod. Der burgenländische Keltenforscher erklärte uns in diesem Zusammenhang, dass es sogar sein könnte, dass das Efeu von alten Druiden herangezogen wurde, um bewusstseinsverändernde Zustände bei den Menschen zu erzeugen, sodass diese die Grenze zwischen den Welten leichter überschreiten konnten. Im Prinzip steht dieser Efeu für ewiges Leben, selbst wenn der Körper des Menschen sterblich zu sein scheint. (62)

Abb. 46: Efeu im Wald bei Marchtrenk

Kein Wunder, dass dieser Punkt nun auf der besonderen Leylinie liegt und ebenso von Unsterblichkeit oder auch einem Zugang in andere Welten berichtet, die eventuell ebenso mit der Endzeit oder auch dem Goldenen Zeitalter einhergehen könnte.

Diese Erkenntnisse wurden vor allem durch die Aussage eines befreundeten Einheimischen bekräftigt. Dieser erzählte mir von seinen Eltern, die in der Nähe des Friedhofs ein Haus gekauft hatten und nach kurzer Zeit einen Spiritisten zu Rate zogen, da sich im Haus immer wieder verrückte Ereignisse zutrugen.

Der Spiritist hatte nach seiner Begehung feststellen können, dass sich an diesem Ort ein Massengrab befand. Mit unserer geomantischen Analyse zum Waldfriedhof und dessen Umgebung hatten wir eine Bestätigung, dass es im Umkreis des Waldes tatsächlich um einen sogenannten „Anderswelt“-Punkt in der Landschaft ging, in den sogar der Friedhof eingebettet war.

Wallfahrtskirche Heiligenkreuz

Mittlerweile waren wir uns aufgrund der ganzen Zufälle sicher, dass hinter dem Mysterium eine Botschaft steckte. Eine Botschaft, wie wir anhand der ganzen Zufälle erkennen konnten, wie sich einzelne Gebiete miteinander verbinden lassen.

Natürlich sprachen Claras dabei auch über die Theorien von einem Bewusstsein, das alle diese Dinge spiegelte oder auch versteckt erklärte. Ein Bewusstsein, das man auf einer Seite als göttlich interpretieren konnte. In diesem Fall wäre es jedoch nur möglich, dass Menschen, die solche „Fährten“ legten, dies nur unterbewusst taten und gar nicht wussten, wie sich das große Ganze zusammensetzt.

Es könnte aber auch sein, dass hier kein Gott oder Bewusstsein verantwortlich war. Claras war davon überzeugt, dass sehr Vieles von diversen Geheimbünden oder auch dem Vatikan bewusst verdreht, wenn nicht sogar verfälscht wurde.

Abb. 47: Kirche Heiligenkreuz

Der Rosenkreuzer hatte uns doch im Zusammenhang mit der Spiegelwelt hierüber aufgeklärt. Bezüglich der „göttlichen" Impulse hatten wir auch die Legende der Wallfahrtskirche Heiligenkreuz gehört. Demnach sollte dem Bauern Hans Adamsmayr zu Ostern 1682 im Traum die Errichtung einer Bildsäule auf seinem Acker aufgetragen worden sein.

In jener Nacht sahen Nachbarn, wie Lichter um das Haus des Bauern schwebten. Das Endergebnis war unter anderem die Erbauung dieser einen Kirche. Und tatsächlich konnten wir mit zwei älteren Menschen aus der Gegend sprechen, die uns genau diese Geschichte bestätigten, da sie diese noch von ihren Großeltern kannten.

Hier stellten sich uns einige Fragen. Vor allem, was das für Lichterscheinungen waren. Und warum diese Kirche auf einer Leylinie liegt, die zum Birnbaum in Marchtrenk führt.

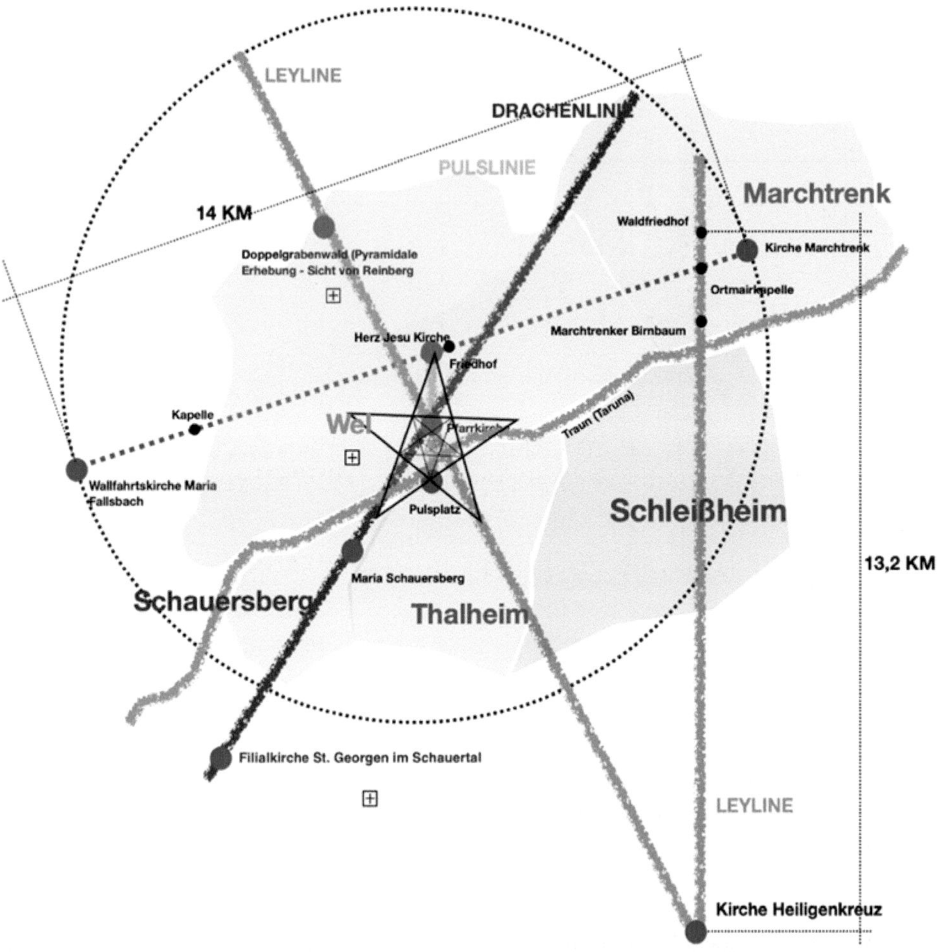

Abb. 48: Geomantische Grafik „Von Schauersberg bis Marchtrenk“

△

Zusammenfassende Gedanken

Das verbindende Pentagramm von Wels

Um die vorstehenden Fragen zu beantworten, bildeten wir die Situation auf der Karte grafisch ab und nahmen dazu das bekannte Pentagramm zu Hilfe. Wenn wir dies über die Landschaft legen, sehen wir, dass sich an der Spitze des Pentagramms fünf wichtige Plätze befinden.

Betrachtet man das Pentagramm genauer, so sehen wir, dass dies eine „zufällige" Formgebung für das „Menschsein" bedeutet und die Kirche diverse Plätze „bewusst" in dieser Gegend geschaffen oder umgepolt hat.

Die Wichtigkeit des Pentagramms soll nachfolgend beschrieben werden. Das Pentagramm ist auch als der sogenannte „Drudenfuß" bekannt. Ein uraltes Schutzsymbol, das auf Bauernhäusern genauso wie an Dombauhütten und außerdem von den Freimaurern und den Illuminaten verwendet wurde.

Im Judentum wurde es als Stadtsiegel von Jerusalem eingesetzt, um die Wahrheit und die fünf Bücher Mose zu verkörpern. Ein Symbol, das seit Jahrtausenden von allen Kulturen auch zur astronomischen Darstellung für den Lauf der Venus gebraucht wurde.

Die Venus soll ein Glückssymbol der Liebe und ein Symbol im Goldenen Schnitt darstellen. Dieser war beispielsweise wichtig für die Planung der antiken Bauten. Außerdem haben die alten Kulturen auch erkannt, dass diese Grundordnung auch auf Lebensaufgaben anwendbar ist und genauso symbolisiert werden kann.

Aber nicht nur in Kunst und Magie wird dieses Symbol verwendet. Nein! Selbst die praktizierenden Magier und Okkultisten haben die Kraft dieses Symbols erkannt! Wir leben in einer Dualität und Polarität, die sich in verschiedenen Bereichen bemerkbar macht. Ohne Licht kein Schatten. Und so ist es auch mit Liebe und Leid im Leben jedes Menschen.

Und genau aus diesem Grund wird auch ein Pentagramm liegend oder stehend dargestellt. Diese und viele weitere Gedanken zum Pentagramm gehen unter anderem auf den Alchemisten Agrippa von Nettesheim zurück. Er setzte zu seinen Lebzeiten das Pentagramm bereits in Beziehung zu astrologischen Zeichen.

Ebenso symbolisieren die fünf Spitzen des Pentagramms die Elemente Feuer, Wasser, Erde, Luft und Äther (Geist). Hier sollte betont werden, dass es auch abweichende Zuordnungen gibt.

Wichtige Anmerkung: In der keltischen Orientierungspraxis war die Haupthimmelsrichtung Osten (nicht Norden) und lag auf Karten oben. Rechts befand sich der Süden, links der Norden und Westen dementsprechend unten.

Die Eigenschaften der Elemente:

Feuer:

Hitze und der Ausdehnung. Das Element Feuer steht ebenso für den Willen des Menschen. Ergebnis: Thalheim (Feld und Land) als Element des Feuers für die Stadt Wels.

Wasser:

Im Element Wasser finden wir die Eigenschaften der Kälte und der Dunkelheit. Die beiden Elemente Feuer und Wasser benötigen in ihrem Kreislauf die Wechselbeziehung zueinander, um ein Gleichgewicht für das System zu erhalten.

Das Element Wasser verkörpert demnach die pulsierenden Kräfte im Gewerbegebiet der Stadt Wels.

Luft:

Dieses Element kann als die Rolle des Vermittlers angesehen werden. Ein Vermittler zwischen der Erde und dem Wasser. Seine neutrale

Aufgabe trägt dazu bei, das Gleichgewicht zu wahren. Ergebnis: Nördlich von Wels an der oberen Pentagrammspitze links, finden wir sodann das Gleichgewichtszentrum Wimpassing, für den gesamten Raumkomplex des Pentagramms. Das Element der Luft verkörpert den Intellekt der Menschen.

Erde:

Die Erde ist eine Form, die aus der der Wechselwirkung der anderen Elemente entstanden ist. So bildet dieses Element das Bewusstsein. Die Spitze des Pentagramms Südwestlich schien demnach auch ein leeres Gebiet zu sein – ohne markanten Punkt auf der Landkarte. Hier fragt man sich, weshalb so ein besonderer Punkt des Pentagramms nichts aufzuweisen hat. Doch man täuscht sich! Hier befindet sich der Bergausläufer des Reinbergs. Also ein Berg, der das Bewusstsein des Raumkomplexes des Pentagramms darstellt und somit die Wichtigkeit des Reinbergs erklärt.

Äther:

Nördlich finden wir die sogenannte Herz-Jesu-Kirche mir ihren Symbolen und Hinweisen zum Reinberg und zu Marchtrenk sowie der Endzeitschlacht. Der obere Zacken ist der Äther und steht für den Geist eines Komplexes. Somit kann gesagt werden, dass der Kreis, in dem sich das Pentagramm befindet, ein Symbol für die Einheit ist und auch als Schutzkreis gesehen werden kann.

Jede Spitze des Pentagramms stellt das Element oder die Entsprechung des geistigen Elements dar. Es sind die vier Elemente, die den Ausgleich untereinander schaffen, um so das Gleichgewicht im Universum oder auch Raumkomplex aufrecht zu halten.

Nun drängt sich auch hier wieder folgende Frage auf:

Wurden diese Kultplätze auf dem Pentagramm zufällig oder bewusst platziert?

Leicht zu erkennen ist hier, dass die wichtigsten Kirchen von Wels auf den Schnittpunkten des Pentagramms liegen. Ob dies nur ein Zufall ist würden wir bei der Messung nicht muten können. Carlas sagt mir jedoch, dass er das für möglich hielt.

Was jedoch mit Bestimmtheit gesagt werden kann, ist, dass die beiden Orte Wels und Thalheim miteinander verbunden sind. Dies erkennt man bereits an der Ley- und Drachenlinie mit ihren Punkten darauf.

Doch blicken wir über das Pentagramm und den Schutzkreis von Wels hinaus, so finden wir die benachbarten Gemeinden und die Leylinie des Marchtrenker Birnbaums.

Über dieses etwas größere Gebiet kann aus geomantischer Sicht kein Pentagramm gelegt werden, da sich hier die einzelnen Raumkomplexe zu stark unterscheiden. Doch finden wir hier den Zusammenhang mit der verbindenden Leylinie zur Kirche Heiligenkreuz, was auch die Frage beantwortet, weshalb diese Kirche auf der Linie liegt.

Querverbindung zur Wallfahrtskirche Heiligenkreuz

In Anbetracht dessen, dass Leylinien künstlich erschaffene Linien sind, die mit den Energieströmen der Erde und des Kosmos in Einklang gebracht wurden, kann hier auch gesagt werden, dass sich diese pulsierende Lebensenergielinie an einem Ort befindet, der die kosmischen Ätherwellen bzw. die Energieplätze von Wels oder auch Marchtrenk miteinander verbindet.

Diese geomantische Theorie würde ebenso die Aussage eines Pfarrers aus Stift Kremsmünster bestätigen. Dieser sagte uns, dass diese Heiligenkreuzkirche ein Zisterzienser-Kloster ist und demnach von der Kirche als geistiges Bindeglied oder auch Symbol gewürdigt wird.

Im Zusammenhang mit den Zisterziensern und den Templern sollte man bedenken, dass die Templer auf dem Konzil von Troyes (eher eine regionale Synode) am 13. Januar 1129 allgemein anerkannt wurden. Durch die sogenannte Rechtfertigungsschrift „De laude novae militae“

des Hl. Bernhard von Clairvaux konnte dieser die allgemeine Anerkennung der Templer erreichen. Daraus entwickelte sich das Templerideal vom Mönch und Ritter („monachus et miles“). Diese Regel wurde auf der Synode bestätigt. (62a)

Bernhard von Clairvaux wurde auch „Bernard de Fontaine“ genannt (er stammte aus Fontaines-lès-Dijon, Burgund) und wurde zum berühmtesten Heiligen und Ordensvater der Zisterzienser. (62b)

Dieser hatte 1115 n. Chr. die Abtei von Clairveaux gegründet und somit einen wichtigen Meilenstein in der „Macht“-Epoche der Tempelritter gesetzt. Ein Orden – oder auch wie man sie damals bezeichnete: „Architekten des Christentums“ – mit reichen Gütern in Form von Geld und vor allem Ländereien. Bernhard von Clairveaux verfasste im Jahre 1128 ein Traktat, das er „Das Lob der Neuen Miliz" betitelte und mit dem er die militant religiösen Ziele der Templer zum Ideal und zum Inbegriff aller christlichen Werte erhob.

Als zur damaligen Zeit die Gründungsmitglieder der Tempelritter nach Frankreich zurückgekehrt waren, verfasste Bernhard von Clairveaux eine mysteriöse Niederschrift, die bis heute nicht gänzlich verstanden wurde: *„... mit Gottes Hilfe ... ist das große Werk vollendet worden ...“*

Hier fragt man sich, was für einen Sinn dieser Satz ergeben sollte, denn das Traktat beschrieb die Aktivitäten der Templer zwischen 1118 und 1127. Manche Mystiker und Abenteurer behaupten, dass die Templer in diesem Zeitraum neben dem Pilgerschutz im Heiligen Land etwas unendlich Wertvolles gefunden haben. Darüber kursieren die seltsamsten Spekulationen und Mythen.

Mit der Wiederkehr der Templer nach Europa begann demnach die uns bekannte „Gotik“ mit ihrer ausdrucksstarken sakralen Architektur. Es entstanden unzählige Kathedralen, deren Bau scheinbar aus dem Nichts heraus mit perfekt verbundenen mathematischen, bautechnischen und logistischen Leistungen vollbracht wurde.

Auch an dieser Stelle fragt man sich, woher dieses Wissen plötzlich stammen sollte. Haben hier die Tempelritter etwas Geheimes entdeckt? Viele Menschen sprechen auch von einem spirituellen Schatz und einem geheimen uralten Wissen, das aus Ägypten stammen könnte. Es ist folglich auch nicht verwunderlich, dass Bernhard von Clairveaux die Templer lobte. So erzählt man sich, dass die Zisterzienser durch die Templer auch in dieses Wissen eingeweiht wurden.

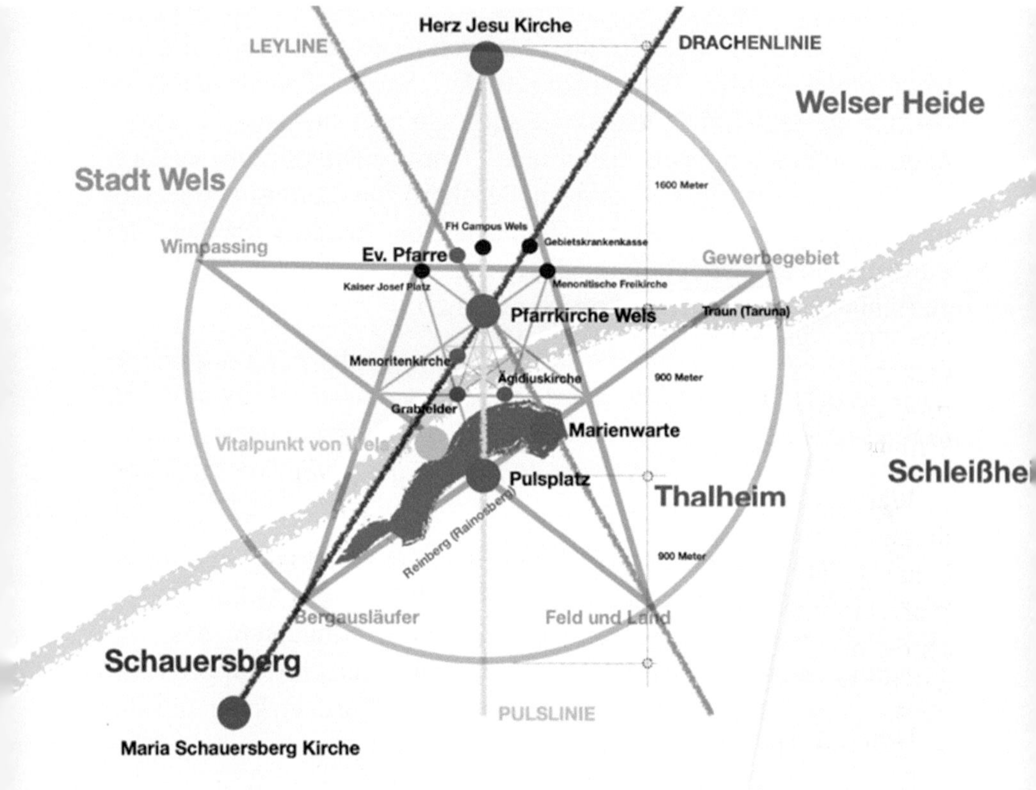

Abb. 49: Geomantische Grafik „Das Welser Pentagramm“

Nun, angesichts der Aussage des Pfarrers aus Kremsmünster, der mysteriösen Lichterscheinung in der Heiligkreuzkirche, der Verbindung zu den Templern sowie der Leylinien bis Wels und Marchtrenk, waren Claras und ich uns einig, dass diese Kirche ähnlich wie die Maria Ettenberg-Kirche funktioniert bzw. seitens mancher Orden dazu verwendet wurde, Kräfte oder Energien zu bündeln, zu transformieren und für einen bestimmten Zweck wieder abzugeben.

Wir waren uns sicher, dass wir bei der Betrachtung weiterer Plätze mittels der Spiegelgrafik noch viel mehr Entdeckungen wie die am Untersberg machen könnten. (83)

Das Notizbuch und die Story des alten Försters

Wir hatten mittlerweile bei unseren Recherchen faszinierende Erkenntnisse zusammengetragen, vor allem auch durch den Rosenkreuzer, der uns diese bestätigte, aber dazu anmerkte: *„Früher war es angedacht, diese Dinge nicht den Menschen zugänglich zu machen“*.

Aufgrund der Erzählungen und der alten Notizbuchaufzeichnungen zusammen mit dem Stein des Förster, der mit seltsamen Symbolen versehen war, dachten Claras und ich nun, dass aufgrund der Sagen rund um den Reinberg dort der alte Tempel des Pontifex oder das Schloss im Reinberg zu finden wären.

Wäre dies tatsächlich möglich? Der Realist würde eher sagen dass dies zwar eine schöne Geschichte ist, aber dass man diese unterschiedlichen Erzählungen und Sagen nicht zusammenfassen kann zu einer Story, die einen in Erstaunen versetzen. Trotzdem hatten wir dazu passende Informationen von dem ehemaligen, mittlerweile pensionierten und oft betrunkenen Förster aus Sattledt erhalten.

Nun war es an der Zeit, Bilanz zu ziehen. Dazu saßen Claras und ich an einem Samstag im Tiergarten Wels beim Buffet zusammen. Es war ein wunderbarer Samstag und von der Coronapause in meiner Heimatstadt war nicht mehr viel zu erkennen. Familien samt Kinder gingen spazieren und wir tranken genüsslich unserer Cappuccino.

Claras hatte mittlerweile das Notizbuch des Försters entschlüsselt und legte es auf den Tisch. Das in Leder gebundene Notizbuch war nicht sonderlich dick. Es waren einzelne Seiten herausgerissen worden und die meisten konnte man nicht gut lesen, da sie sehr ausgewaschen waren.

Doch war in diesem Büchlein eine Seite enthalten, die man wunderbar lesen konnte. Wir untersuchten diese Seite besonders gründlich und konnten aufgrund unserer bisherigen Forschungen unsere Rückschlüsse daraus ziehen, die wir am Tisch diskutierten.

Die Zeilen dieser Seite lauteten:

„Purgkhstalla und umgebende Steine abseits der anderen. Es könnte möglich sein ...“

Die Aussage des Försters war:

„ ... Bald findet er (mein Vater) seine Ruhe, wenn die Seelen erlöst werden, die Nacht für Nacht über die Traun gleiten. Ich war erst 16, als er in diesem verdammten Fluss ertrank. So sagte auch er immer, dass der Schlüssel der Ufer bald gefunden wird. Ein Schlüssel, der im verborgenden Hügel von zwei Ufern liegen soll.“

Querverbindung:

Ich erklärte meinem Kollegen, dass den Einheimischen wohl die Tatsache bekannt sein wird, dass es am Reinberg einen Flurnamen namens Purgkhstall gibt. Dieser Flurname bezieht sich auf eine „mögliche“ Burg aus dem Mittelalter, die jedoch nie gefunden wurde.

Folgende Frage drängte sich auf: Entsprang die Sage des versunkenen Schlosses am Reinberg aus diesen beiden Informationen?

Nun, Claras und ich waren uns einig, dass „Sagen“ einen wahren Kern beinhalten und durch den einen Satz aus dem Notizbuch nun ein weiteres Indiz hinzukommt. Sind die *„umgebenden Steine* “ ein Indiz für verschüttete Ruinen – eines Schlosses?

Da wir bei unseren ganzen Auswertungen erkannt haben, dass die Stadt Wels von den Kelten als ein „Andersort“ bezeichnet wurde und dass jeder der 8 (keltischen) Kultplätze, die von den Römern und der

Kirche übernommen worden waren, ebenfalls einen starken Bezug zur Anderswelt hatten, bestärkte dies unsere These, dass tatsächlich ein Schloss im Berg vergraben liegen könnte.

Oder war diese 8 ein Indiz zu der Spiegelung nach Wals zu den 6 Göttern am Rainberg bei Salzburg oder gar zu den 6 Birnen auf den Wappen bei Salzburg?

Können wir nun tatsächlich davon ausgehen, dass der alte Förster oder sein verstorbener Vater gar nicht so verrückt gewesen waren? Dass sein Vater es war, der nach dem Krieg die Stollen weiter untersuchen wollte? Die Vermutung liegt nahe, dass wir hier tatsächlich eine Kammer finden würden, die nur in lückenhaften Aufzeichnungen des Notizbuches und auf dem Stein überliefert ist.

Doch was war mit dem Kreuz auf dem Stein? Claras war sich sicher, dass dies ein Symbol für die Christianisierung der einzelnen Kraftorte sein sollte sowie ein möglicher Hinweis auf die Templer. Ebenso war er der Überzeugung, dass die römische Zahl 6 (VI), sich auf genau diese bezieht. Bei der Buchstabenreihe M.O.N.S konnte er mir erklären, dass dies das lateinische Wort für „Berg" ist.

Auf dem Stein waren noch 4 Punkte eingekerbt und ein Symbol, das einem verbogenen Nagel glich. War dieser Nagel ein Hinweis auf die eisernen Nägeln oder gar dem Eisernen Tisch? Wie so oft klärte mich Claras auch hier auf. Er wies darauf hin, dass der Nagel grundsätzlich ein Symbol der Leidenswerkzeuge Christi darstellt.

Da die restlichen Symbole auf dem Stein römisch oder auch christlich sind, ist auch hier anzunehmen, dass der Nagel sich auf Bedeutungen aus diesem Umfeld bezieht. Doch auf meine weiteren Fragen hatte auch Claras keine Antwort parat. Denn noch war mir unklar: *Weshalb war dieser scheinbare Nagel verbogen dargestellt? Was stellten die 4 Punkte dar? Warum das Kreuz in der Mitte?*

Das Sternbild am Reinberg

Ein paar Tage nach diesem Treffen im Welser Tiergarten beschlossen wir, unseren alten Bekannten Heinrich zu kontaktieren. Er war ein Forscher und sehr bewandert in der Archäologie und Geologie und interessierte sich ebenfalls für solche „verrückten" Dinge.

Wir durften Heinrich vor einigen Jahren kennenlernen, als er für uns einen mystischen Stein aus dem Museum von Vöcklabruck untersucht hat, den wir bei unseren damaligen Forschungen in einen Zusammenhang mit den Erdställen von Vorau gebracht hatten.

Damals waren wir einer Sache auf der Spur gewesen, die mehr als nur geheimnisvoll war. Das bestätigte uns seinerzeit auch Heinrich, der selbst bei seinen Forschungen übervorsichtig war – vor allem, da er bei seinen unterirdischen Untersuchungen laufend Probleme mit dem Vatikan hatte.

Auch jetzt war Heinrich sehr hilfsbereit und untersuchte den Stein des alten Försters für uns. Nach langen Gesprächen bestätigte er uns schließlich auch das Alter des Steins beziehungsweise der Inschrift.

Und mit einem überraschenden Ergebnis: In weiteren Gesprächen teilte er uns mit, dass er selbst ebenfalls solche Steine gefunden hatte. Diese Steine wurden zur Zeit des Ersten Weltkriegs häufig von Radiästheten graviert, um ihre Forschungen symbolisch festzuhalten.

Das war zu damaligen Zeit eine gängige und moderne Methode, was uns bis zu diesem Zeitpunkt gar nicht bekannt gewesen war. Aber aufgrund dieser neuen Information war klar, dass der Stein wesentlich mehr zu bedeuten hatte, als es den Anschein machte.

Außerdem war die Genauigkeit der Informationen auf diesem Stein für unsere Forschungen nahezu genial. Denn Heinrich zeigte uns zum Vergleich einen ähnlichen gravierten Stein aus Tirol. Dabei wies er darauf hin, dass meist Sternenbilder in diesen Gravuren festgehalten wurden, um nähere Hinweise auf das untersuchte Gebiet darzustellen.

Somit konnten wir anhand der vier Punkte auf unserem Stein erkennen, dass es sich dabei um das Sternbild des „Kleinen Löwen“ handeln musste.

Zunächst fragten wir uns, warum der Vater des alten Försters ausgerechnet ein vergleichsweise junges Sternbild, das aus dem Jahr 1687 stammte, gewählt hatte. Doch darauf würden wir wohl keine Antwort erhalten. Stattdessen konnten wir aber die Karte von Reinberg und unser Forschungsgebiet auf Hinweise in Verbindung mit dem Sternbild absuchen.

Tatsächlich wurden wir auf der Karte fündig! Wir fanden verblüffende (zufällige?) Verbindungen mit den wichtigsten Plätzen am Reinberg sowie dem wichtigsten Ort für die gesamte Welser Heide. Wir erkannten nämlich, dass einzelne Kultplätze dem Sternbild des Kleinen Löwen nachempfunden wurden.

Wieder nur ein Zufall? Wohl kaum. Heinrich klärte uns darüber auf, dass die Kelten sich den Himmel im wahrsten Sinne des Wortes auf die Erdoberfläche holten und anschließend ihre Kultorte auf die Sterne ausrichteten.

Zwar schien diese These nicht belegbar, doch wissen wir von anderen Kulturen, dass diese es ebenso gemacht hatten.

Den Namen „Kleiner Löwe“ hatten die Kelten wohl zu ihrer Zeit nicht verwendet, denn dieses recht kleine und unauffällige Sternbild wurde erst im 16. Jahrhundert vom Astronomen Johannes Hevelius so benannt.

Der „Kleine Löwe“ (Leo Minor) befindet sich am nördlichen Fixsternhimmel und setzt sich je nach Sternkarte aus zwei oder drei Sternen zusammen.

Als der Danziger Astronom Johannes Hevelius das Sternbild 1687 einführte, benannte er nur den zweithellsten Stern (Leonis Minoris) des Sternbildes mit dem griechischen Buchstaben β. Der hellste Stern ist „R Leonis Minoris“, der manchmal auch „Praecipua“ (lateinisch „Vorsteher“) genannt wird. (83a)

Anhand von Heinrichs Beschreibung und der Lage der Kultplätze war auch klar, warum bei den alten Radiästheten dieses Sternbild bei der damaligen „Steinkerbung“ als ein Symbol für die „Entdeckung“ herangezogen wurde.

Die Anderswelt

Bei all den faszinierenden Entdeckungen ist uns immer wieder aufgefallen, dass es dabei meist um eine Verbindung zur Anderswelt der Kelten oder einfach einer „anderen Welt“ geht. Und meist haben wir in diesem Zusammenhang eine historisch belegte Nachweiskette dafür gefunden, dass die Kelten an solchen besonderen Plätze ihre Kultplätze erbaut haben. Daher sollten wir an dieser Stelle auch ein paar Fragen zur Anderswelt klären.

Was bedeutete bei den Kelten die Anderswelt?

Diese „andere Welt“ selbst ist in der Mythologie der Kelten ein Ort, der auf einer anderen Ebene existiert. Hier werden verschiedene mystische Wesen und Personen beschrieben. Meist wird diese Welt unmittelbar in unserer vertrauten Welt in Hügeln, Seen, Inseln oder auch am Grund von Seen oder des Meeres angesiedelt.

Zur damaligen Zeit erforderte es der Kult, einen Höhleneingang in einem Hügel zu besuchen. Dies stellte einen Ritus dar, durch den es den normalsterblichen Kelten oder Druiden möglich war, diese Anderswelt zu betreten.

Nach er damaligen Vorstellung gab es jedoch nicht nur solche Schwellenorte, an denen die Verbindung zur (oder das Betreten der) Anderswelt möglich war. Vielmehr gab es auch zyklische zeitliche Abstände wie z. B. dem keltischen Fest *Samhain*, wo die Schleier zwischen den Welten so dünn wurden, dass die Anderswelt mit unserer Welt verbunden war.

Samhain ist neben Imbolc, Beltane und Lughnasadh eins der vier großen Jahreszeitenfeste der Kelten. Es wird in der Nacht zum 1. November sowie am 1. November selbst gefeiert und ist der Vorläufer von Halloween. Im keltischen Kalender stellt es den Beginn des Jahres dar.

Bei allen vier Festen gingen die Kelten davon aus, dass an diesen Tagen die Menschen einen leichten Zugang zur Anderswelt haben würden, da die Tore dorthin an diesen 4 Festtagen offenstehen. Die Wesen aus dieser Anderswelt konnten dann übrigens auch zu uns herüberkommen. Meist blieb man an diesen Tagen daher vorsichtshalber zu Hause. (83b)

Wo befindet sich solch eine Anderswelt?

In vielen Überlieferungen wird davon berichtet, dass es meist reale Orte seien, an denen sich solch Übergänge befinden. So spricht man in der keltischen Mythologie z. B. von der Insel Avalon – einer Insel, die sich vom Wort „Apfel“ ableitet und so ein Hüllwort für die Anderswelt darstellt.

Wie bereits am Anfang des Buches beschrieben, finden wir in den keltischen Entsprechungen das Wort Vilesos, das sich aus dem Namen Ovilava ableitet, dem alten Namen von Wels, der nichts anderes bedeutet als „Die Anderswelt“, „das Apfelland“ oder „Priester-„ bzw. „Seherland“.

Man sollte in diesem Zusammenhang bedenken, dass in der keltischen Kultur der Apfel als ein Symbol der Weisheit und des Wissens galt. Dem Apfel wurde ebenso die Kraft zugeschrieben, ewige Jugend zu verleihen und den Tod zu überwinden, weshalb man auch „Anderswelt“ hierzu sagen kann.

Daher war Claras und mir nach dem Gespräch mit dem Keltenforscher klar, warum die Kelten das heutige Wels als Anderswelt erkannt hatten.

△

Zusammenfassende Verbindungen

Die Ägidiuskirche in Thalheim

- 25.000 Bovis-Einheiten
- Einstrahlpunkt Neptun
- Intuition für den Menschen
- Eine Brücke in die Anderswelt
- Himmelsleiter zwischen Himmel und Erde
- Totenkult im Zusammenhang mit dem heiligen Christophorus
- Die Kraft des Alleinseins

Die 14-Nothelfer-Kapelle am Fuße des Reinbergs

- 22.000 Bovis-Einheiten
- heilendes Wasser mit 7.500 Bovis-Einheiten
- Heilplatz für alle Probleme
- Reinigungskult
- Vereinigung von Mikrokosmos und Makrokosmos
- Vereinende Kräfte von Thalheim

Wallfahrtskirche Maria Schauersberg

- 26.000 Bovis-Einheiten am sogenannten Donnerplatz
- Mondsichelmadonna – Fruchtbarkeit
- Einstrahlpunkt Venus
- Einstrahlpunkt des Saturns mit 19.000 Bovis-Einheiten zum Andersweltportal
- sakraler Platz
- Zuordnung zu Harmonie und Schönheit
- Fruchtbarkeit und Leidenschaft sowie Schutz und Fürsorge
- Ein Ort des Menschen selbst (5)

Der Einweihungsweg in die Anderswelt

- Übergang in die Anderswelt
- Kontaktaufnahme mit den Geistern der Tauruna (Traun)
- Entsprechungen der Venusenergien

Das Pulszentrum – der weibliche Bergteil

- 25.000 Bovis-Einheiten
- Uranus- und Venus-Einstrahlpunkte
- Der wohl kräftigste Sakralort am Reinberg
- Offenbarung zu Forscher und Erfindergeist, und reiner Erkenntnis
- Zusammenhang von mehreren Berichten und Sagen betreffend einer möglichen geheimen Kammer, oder eines versunkenen Schlosses im Reinberg

Marienwarte – der männliche Bergteil

- Ein Vorgang der dualen Vervollkommnung - Gegenpol der weiblichen Seite, dem Pulsplatz

Der Aussichtspunkt „Salettl"

- 18.000 Bovis-Einheiten
- Hellwachpunkt
- Einheit bzw. die schöpferische Quelle des Menschlichen Ichs

Die Bruckhofkapelle

- 25.000 Bovis-Einheiten
- Einstrahlpunkt des Mondes
- Anderswelt
- Starker Orakelort

Der Birnbaum auf der Welser Heide

- Liegt auf einer Leylinie
- Endzeitbaum

Herz-Jesu-Kirche Wels

- Die Kirche liegt auf der sogenannten „Pulslinie“
- Lebensbaum und Morgensternsymbolik
- Beziehung zu anderen Welten
- Verlangen nach einer himmlischen Frucht
- Hinweis nach Osten – Marchtrenk
- Symbolik für die Sehnsucht des ewigen Hügels
- symbolische Jagd eines biblischen Wolfes und die damit einhergehende Überwindung des Todes und die Wiedergeburt eines neuen Zeitalters
- Symbolik zur Johannes Offenbarung und den geöffneten Schriftrollen der sieben Siegel (Offb 5-7)

WALS

Die Sage aus Wals bei Salzburg:

- Endschlacht zwischen Gut und Böse, wenn der Birnbaum blüht, dann beginnt das Goldene Zeitalter.

Die Erkennungssymbole

- Wappen mit 6 Birnen – offiziell
- Wappen mit 8 Birnen – bewusst erstellt zur Täuschung? (Freimaurer, Templer?)
- „acht“ keltische Gottheiten am Reinberg bei Salzburg, somit ein Hinweis zur Erneuerung des Menschen und ein goldenes Zeitalter
- Die Entsprechung der Zahl 6 – Andere Welt oder Anderswelt
- Die Entsprechung der Zahl 8 – Hinweis auf den Rainberg bei Salzburg und somit das Goldene Zeitalter

WELS

Die Sage aus Wels:

- Erzählt: ... einst würden sich zwei „andere" Ufer verbinden. Doch vorher sollte eine große Schlacht in der Welser Heide stattfinden oder beendet werden.
- Erzählt: ... dass der Schlüssel bald gefunden wird. Ein Schlüssel, der im verborgenden Hügel von zwei Ufern liegen sollte.

Die Erkennungssymbole

- Entdeckt: Ein heiliggesprochener Birnbaum, der um das Jahre 1871 zu blühen begann.
- Erzählt: Ein „blutendes Moor" oder „rotes Moor" in der Welser Heide - durch die Schlachten?
- Heerscharen des Antichristen aus dem Osten - Der Welser Baum ist östlich ausgerichtet.
- „Sechs" Gottheiten am Reinberg bei Thalheim – somit ein Hinweis zur anderen Welt oder Anderswelt -> zum offiziellen Birnbaum-Wappen?

Zusammenfassende Gedanken

- Endzeit und später ein Goldenes Zeitalter verbunden mit der Anderswelt oder anderen Welt, durch die Zahl 6 dargestellt.

Salzburg und Wels

- Salzburg (damals Iuvavum) – Flussgott der Salzach – dessen Name auf die Stadt überging. – Iuvavum -> „acht" keltische Gottheiten am Rainberg bei Salzburg
- Fluss Taruna (Traun) – Eine Stadt, die vor allem von „sechs" Gottheiten am Reinberg bei Thalheim zeugt.

Gespiegelt

- 6 oder 8 Gottheiten aus der Keltenzeit. Das Mysterium der 6 und 8 Birnen auf dem Wappen von Wals

- Am Beispiel der beiden Berge (Reinberg, Rainberg) und den beiden Birnbäumen in (Wels und Wals) erkannten wir tatsächlich eine spiegelverkehrte Betrachtung einzelner Erzählungen wie am Beispiel der 6 und 8.

Verbindung Tempelritter

Die Komturei Ettenberg:

- Komturei in Ettenberg um das 12/13te Jahrhundert errichtet.
- Jahr 1220: Ettenberg am Untersberg, Erscheinung der Göttin Isais. -> Anweisungen für den Weg in ein neues, ein goldenes Zeitalter.
- Johannes der Täufer und Darstellung Osterlamm/Endzeit

Filialkirche St. Georgen Schauertal

- Geschichte dieser Kirche im „Dunkeln“
- dem Hl. Georg geweiht
- Verbindung zu mysteriösen Mönchen wie am Untersberg
- Möglicher Zusammenhang mit Ritter Hubertus Koch
- Eingemauerter kleiner Sphinxkopf gefunden: Beweis dafür, dass diese Kirche in Fischlham eine Templerkirche gewesen sein muss.

Das entschlüsselte Deckenfresko

- Symbolik: der Stein, der Speer und der Spiegel
- Geheimnis der Spiegel – die Fähigkeit, die Grenze zum Jenseits zu sehen
- Verbindung zu Jesaja in der Bibel – „Wehe denen, die Böses gut und Gutes böse heißen, die aus Finsternis Licht und aus Licht Finsternis machen, die aus sauer süß und aus süß sauer machen!“ (Jesaja 5:20)

- Der Spruch »Siehe, deine Mutter!« Entschlüsselung durch „Mariä Verkündigung“ -> 19 Grad ergeben die Quersummen des Bibeltextes zur Inschrift beim Eingang Maria Ettenberg »Siehe, deine Mutter!«
- Geomantische Karte zum Spiegelfoto, das Deckenfresko ist identisch mit Punkten in der Landschaft: Waldandacht, Glanegg, Maria Ettenberg, Veitlbruch, Mittagsscharte, Filialkirche zum Hl. Jakobus in der Gois und dem Walser Birnbaum -> geomantische Akupunkturpunkte oder auch Portalpunkte.

Mögliche Hinweise der Tempelritter

- Künstler Innozenz Anton Warathy malte Deckenfresken in der Kirche Maria Ettenberg und in der Marienkirche in Großgmain.
- Künstler Innozenz Anton Warathy hatte sein Handwerk von Wolfgang Andreas Heindl erlernt. – Spuren templerischer und freimaurerischer Symbole in dessen Kunstwerken lt. dem Rosenkreuzer.

△

Sagen, Mythen und Legenden aus Wels

Wie bereits erwähnt, ist es ein elementarer Bestandteil der Landschaftsmythologie und der Mythenforschung, Sagen und Legenden zu finden und in die Forschung einzubinden. Im Bereich von Wels und Umgebung ist genau das allerdings schwierig, da hier keine alten Sagen mehr im Volk lebendig sind.

Aber wir kennen auch Sagen, die in ganz Österreich bekannt und weit verbreitet sind. Wie beispielsweise die Berichte von der „Wilden Jagd", die ein Motiv für heftige Unwetter mit Sturm und Regen darstellt.

Einige Sagen, deren Bestandteile sich auch in unseren Forschungen wiederfinden, habe ich nachfolgend beispielhaft aufgeführt.

Eine Querverbindung zum bereits beschriebenen Thema „rotes Moor" oder einem Schlachtfeld im Zusammenhang mit der Wilden Jagd ergibt die folgende Sage:

Der Müller und das rote Moor bei Wels

Bei Wels stand eine Mühle am Waldesrande. Eines Nachts weckte den Müller Wagengerassel, Pferdegetrappel, Katzengeschrei und verworrener Stimmenschall. Der wachsame Haushund bellte wütend und um die eigene Angst zu unterdrücken, feuerte ihn sein Herr noch an.

Als sich der Lärm gelegt hatte, erschien eine dunkle Gestalt am Fenster und rief dem Müller mit heiserer Stimme: "Komm her, Hans! Du hast uns heute mit deinem Hunde jagen geholfen, da hast du dafür ein Stück Wild!"

Durch das Fenstergitter wurde ein großes Stück Fleisch in die Stube geschoben. Am Morgen sah der Müller mit Grauen das unheimliche Geschenk und warf es in den Mühlbach. Als er aber wieder in die Stube zurückkam, war es am alten Platze.

Hunde und Schweine ließen es unberührt, auch das Vergraben im Garten half nichts. Da riet ihm der Pfarrer, es im roten Moor zu vergraben. Der Müller tat es und war von dem unheimlichen Wildbret befreit. (87)

(Nacherzählt Adalbert Depiny, Oberösterreichisches Sagenbuch, Linz 1932, Seite 9 Nummer 53)

Nach unserem Gespräch mit einem Kirchenhistoriker kann auch hier gesagt werden, dass zu früheren Zeiten solche „roten Moorlandschaften“ nach ihrer Christianisierung oft zu heiliggesprochenen Feldern oder Gebieten erklärt worden sind. Folglich ist es auch kein Wunder, dass der Müller in der Sage befreit worden ist, als dieser das Fleisch im „roten Moor“ vergraben hatte.

Schätze, Gold und Schlösser tauchen in Sagenstoffen immer wieder auf. So finden wir am Beispiel des bereits beschriebenen Reinbergs und der Erzählung des Alten Försters folgende beispielsweise folgende Sage:

Das Geisterschiff

Bevor die Bahnen gebaut wurden, herrschte auf der Traun reges Leben. Die Flösse, hatten gute Tage, sie mußten Salz und Holz in großen Mengen befördern, und zahllose Schiffe und Flöße schwammen täglich die Traun hinab.

Auf der Rückkehr hielten die Flösser in Schleißheim an, und die Wirte konnten hübsche Zechen einkassieren. Auch viele Fischer wohnten in Schleißheim, da der Fluss vor der Entstehung der Fabriken durch seinen riesigen Fischreichtum ausgezeichnet war.

Wenn die Traunreiter, die die Fahrzeuge stromaufwärts zu führen hatten, am Tage recht fluchten, dann arbeitete der Teufel nächtlicherweise nach und die Leute hörten dann den Teufel näselnd „hea hea“ rufen und Flüche wiederholen, die am Tage von den Schiffern ausgestoßen worden waren.

Geheimnisvolle Lichteln erschienen über der Traun. Wenn aber die Leute glaubten, es komme ein Schiff an, und zur Traun eilten, dann waren die geheimnisvollen Lichteln verschwunden.

Einmal wollte der alte Jochen in der Nacht die Netze ausnehmen, da fiel Feuer vom Himmel, ein feuriger Drache flog durch die Luft und alle rannten vor dem Zeichen eines zu zornigen Gottes davon.

Manchmal sahen aber die Uferbewohner um Mitternacht ein geheimnisvolles Schiff die Wellen hinab gleiten. Es bewegt sich ganz unhörbar nordwärts, kein Ruder und kein Schieferknecht sind sichtbar. Es ist das Geisterschiff, das nur von Geistern gelenkt wird. So oft das Schiff gesehen wurde, fand bald darauf jemand in der Nähe seinen Tod in der Traun.

(Nacherzählt Archiv der Stadt Wels, Nr. 1192, Dr. O. Schmotzer Materialsammlung 1927-1930)

Betreffend des Welser Birnbaums und seiner Verbindung zum Untersberg sollten nun auch die beiden Endzeitsagen von Wels erzählt werden.

Endzeit Wels

Auf der Welser Heide wird einst eine große Schlacht geschlagen werden, in der der Antichrist unterliegt. Die Stadt aber wird völlig zerstört. Vorher wird sie so groß sein, daß man sie „Welt" nennt, nachher wird sie so klein fein, daß sie „Weh" heißen wird. (85)

(Nacherzählt Adalbert Depiny, Oberösterreichisches Sagenbuch, Linz 1932, Seite 9 Nummer 53)

Das Ende der Welt

Die Sage behauptet, daß auch Kaiser Karl V. im Untersberge bei Salzburg hause und die kleinen Bewohner desselben beherrsche. Er sitze an einem runden Tische, um welchen sein Bart bereits zweimal gewachsen sei; umspannt er ihn das dritte Mal, so erwacht der Kaiser aus seinem Schlafe; das Ende der Welt ist alsdann nahe. Der Antichrist erscheint, und auf den Feldern von Wels kommt es zu grimmiger Schlacht. Die Engel des Himmels stoßen in ihre Posaunen, und das letzte Weltgericht nimmt seinen Anfang. (86)

(Nacherzählt Otto Böckel, Die deutsche Volkssage, aus Natur und Geisteswelt, Sammlung wissenschaftlich-gemeinverständlicher Darstellungen, 262. Bändchen, Leipzig 1909, S. 90)

Die Zeittafel zum Buchinhalt

400 v. Chr.

Kelten brechen ein und bringen die Eisenkultur mit. Der Name Ovilavis (Ovilava) ist nach Ansicht von KRANZMAYER (1956) keltischen Ursprungs

15 v. Chr.

Österreich wird unter Markus Aurelius von den Römern besetzt.

50. n. Chr.

Die Stadt Wels ist auch als Ovilava bekannt.

120 n. Chr.

Wels wird zur Stadt erhoben.

400 und 500 n. Chr.

Zusammenbruch der Römerherrschaft.

700 n. Chr.

Bajuvarier wanderten in Wels ein. Aus dieser Zeit stammen auch die ersten Spuren einer Christianisierung.

776 n. Chr.

Wels wird in einer Schenkung urkundlich erwähnt: „in Castro, quod nuncupatur Weles"

777

Gründung Stift Kremsmünster.

927

Thalheim wird in den ersten Aufzeichnungen „Talham“ genannt.

1056

Gründung Benediktinerstift Lambach.

1119

Tempelritter Ordensgründung.

1170

Kaiser Karl hält sich eventuell in Oberösterreich auf.

1189

Die Kirche des Hl. Ägidius in Thalheim wird erbaut.

1205

Marchtenk wird das erste Mal urkundlich erwähnt.

1220

Gründung Templerkomturei Ettenberg am Untersberg.

1490

Maria Schauersberg

1530

Lazarus Gitschner schreibt eine geheimnisvolle Inschrift aus dem Felsen ab.

1564

Der Baum in Wals tritt erstmals urkundlich in Erscheinung durch Lazarus Gitschner.

1679

14-Nothelfer-Kapelle Thalheim wird gebaut.

1800

Die Bruckhofkapelle wird errichtet.

Schlacht zwischen französischen und kaiserlich-österreichischen Truppen am Walserfeld.

1871

Auf der Welserheide bei Wels in Oberösterreich beginnt ein heiliggesprochener Birnbaum zu blühen.

Friedensschluss nach Sedan und Kriegsende, Rückzug der Truppen am Walserfeld.

Marchtrenk wird zur Gemeinde.

1872

Der Birnbaum am Walser Felde wir von Unbekannten abgesägt.

1874

Guido von List widmet sich in seinen Schriften den Birnbäumen.

1875

Der Walser Birnbaum wird neu gesetzt.

1883

Der Walser Birnbaum stirbt durch einen Sturm.

1887

Der Walser Birnbaum wird neu gesetzt.

1912

„Walser Heide“ wurde in „Walser Feld“ unbenannt.

Major de Civrieux veröffentlicht eine Propagandaschrift, die auf die „Straßburger Weissagung“ hindeutet und sich auf die Walser Heide bezieht.

1915

Beginn des Ersten Weltkriegs.

Der Eiserne Tisch in Marchtrenk wird gefertigt.

k. u. k Kriegsgefangenenlager in Marchtrenk.

1918

Ende des Ersten Weltkriegs.

1932

Der Walser Birnbaum wird unter Denkmalschutz gestellt.

1939

Beginn des Zweiten Weltkriegs.

1944/45

Stollen verschwinden im Reinberg.

Ende des Zweiten Weltkriegs.

1948

Das Wappen von Wals wird offiziell mit 6 Birnen blasoniert.

2015

Neuer Birnbaum in Wals.

△

Ein abschließendes Gespräch mit dem Rosenkreuzer

Unsere gesamten Ergebnisse haben wir mit dem Rosenkreuzer besprochen, der uns das Mysterium der Spiegelwelt erklärt hat. Angesichts der ganzen Funde und zufälligen Entdeckungen sowie der belegbaren Quellen waren wir nun der Ansicht, dass unsere Geschichtsschreibung oder auch der Stand der wissenschaftlichen Erkenntnisse lange nicht verraten würden, was eigentlich uns allen zugänglich ist.

Der Rosenkreuzer bestätigte unseren Ansatz und fügte noch hinzu, dass es früher nicht umsonst Geheimbünde gab. Diese wurden damals geschaffen, um geheimes Wissen zu unterrichten und um wirtschaftlichen Einfluss zu nehmen.

Das war wohl auch eine zwangsläufige Auswirkung der früheren Verbote, sich mit solchen Dingen öffentlich auseinanderzusetzen. Aber es war in früheren Epochen so an der Tagesordnung. Die Herren trafen sich und lenkten mit Geschick ihren Einfluss in der Welt und unterrichteten sich in geheimen Wissenschaften wie der Alchemie, Mathematik und Kunst und vielen mehr.

Heute scheint dieses Wissen allen zugänglich zu sein, egal, ob im Internet, den unzähligen Büchern am Markt oder in Bibliotheken. Der Rosenkreuzer bekräftigte dies mit seiner Aussage, dass der Suchende in der heutigen Zeit auch finden wird. Doch vieles sollte eben nicht gefunden werden in den wirren Zeilen der Geschichtsschreibung!

Geheimes Wissen allen Menschen zugänglich zu machen, würde demnach heute auch noch verheerende Auswirkungen nach sich ziehen, erklärte uns der Rosenkreuzer. Deshalb sei es auch ratsam, unsere Themen nur in gefiltertem Zustand zu veröffentlichen.

Claras und ich waren uns nicht einig darüber, was und wie viel wir über diese Dinge nun veröffentlichen sollten. Irgendwie war es einleuchtend, was der Rosenkreuzer gesagt hatte. Ist der Mensch tatsächlich schon bereit für eine Wahrheit, die sehr vieles auf den Kopf stellen würde? Auch wenn unser Gefühl sagte, dass der Rosenkreuzer mit einigen Dingen Recht haben könnte, sahen wir in seinen Worten nur spannenden Zusammenhänge zu unseren Forschungen.

Auch wenn es tatsächlich so wäre, das am Beispiel des Walser Birnbaums im eigentlichen Sinne der Welser Birnbaum gemeint ist, und die Geschichte demnach gespiegelt sein könnte, was würde das dann bedeuten?

Wir überlassen es an dieser Stelle nunmehr den Lesern, diese Zusammenhänge zusammenzuführen und sich selber ein Bild daraus zu machen - ja sogar eine eigene Meinung hierzu!

Doch blieb mir persönlich noch eine Frage. Am Beispiel des Untersbergs wie aber auch an vielen anderen Bergen und Plätzen wussten wir von den „Hütern" oder auch „Wächtern" der Plätze. Am Untersberg konnte man doch tatsächlich davon ausgehen, dass dieser einen Hüter und einige Wächter hat. Ebenso am Birnbaum bei Marchtrenk, über den der Grundstücksbesitzer wacht. Doch wie verhält es sich am Reinberg bei Wels?

Selbst der Rosenkreuzer konnte uns dazu keine brauchbare Auskunft geben. Er erzählte uns nur eine ähnliche Geschichte von einem Heiligen Platz in Linz, wo der anwohnende Bauer laufend die Menschen verklagte, wenn sie ihre Autos auf seinem privaten Parkplatz abstellten, wenn sie zu diesem begehrten keltischen Kultplatz pilgern wollten.

Unterbewusst schien dieser den Platz behüten zu wollen, indem er laufend diese Wanderer oder auch Pilger vertrieb. Dieses Beispiel aus Linz ist zwar eine interessante Tatsache, doch am Reinberg konnte man eine solche Person nicht finden. Oder doch? War das vielleicht derjenige, der mit dem Immobilienmakler die dunklen Geschäfte abgehalten hatte, um sich zu bereichern und die Kraft des Berges zu vernichten? Nein, wohl eher nicht! Doch wir waren uns alle einig, dass es selbst am Reinberg einen Hüter geben musste.

... Die Zeit verging, die Krise hinterließ jede Woche auf ein Neues Chaos und Claras, der Rosenkreuzer und ich saßen wieder beim Hellwachpunkt in Thalheim am Salettl. Ich blickte in den Norden über Wels und richtete meine Worte an meinen Freund.

„Claras, dieser kleine Berghügel vor Wels scheint tatsächlich der Hüter von Wels zu sein."

Er nickte und antworte mit andächtiger Stimme:

„Ja, es scheint so! Am Untersberg weiß man zu sagen, dass ganz Salzburg der Lakai des Untersbergs ist und er der erhabene Wächter ist."

Nickend stimmte ich ihm zu.

„Nicht nur dort, selbst in Linz scheint es der Pöstlingberg zu sein."

Claras nahm einen Stein vom Boden und betrachtete diesen, während er antwortete:

„Jede Stadt und jeder Ort hat seine Quelle der Kraft, mein lieber Freund, auch wenn dies viele Menschen nicht glauben wollen."

Der Rosenkreuzer blickte uns beide an und erwiderte:

„Liebe Entdecker. Es kommt die Zeit, in der sich manche Welten verbinden werden. Es kommt die Zeit, in der der Mensch sich seiner Schätze wieder bewusst wird, und es kommt die Zeit, in der die Menschen erkennen werden, dass Materie nur ein Ergebnis der geistigen Kräfte aus Natur und Gedanken ist."

Die Worte kamen mir sehr bekannt vor. Hatte nicht der alte Förster gesagt, dass sich einst zwei Ufer verbinden sollten, wenn die Endzeit kommt? Ich sah den Rosenkreuzer an und musste Gewissheit haben.

„Wird die von so vielen Menschen prophezeite Endzeit kommen? Werden die Welten hinter dem Spiegel bald offenbart werden?"

Der Rosenkreuzer sah mich an, hob seinen Zeigefinger und hielt ihn an seine Lippe, während er leise sprach und mir im Anschluss zuzwinkerte.

„Diese Dinge sollten niemals gesagt werden, mein lieber Freund ..."

Abb. 50: Der Mönch

Quellenangaben

(1) Sachse, G. & Schenck, N. (2008). Geomanten suchen Kraftorte. In der Rute liegt die Kraft. GEO Special, 6, 134-135. S. 134).

(2) Hensch, E. G. (2007). Geomantisch Planen, Bauen und Wohnen: Bd.1. Grundlagen geomantischer Arbeit. Klein Jasedow: Drachen. S. 17).

(3) Purner, J. (2002). Geomantie – heute? Leopold-Franzens-Universität Innsbruck. S. 1).

(4) Brönnle, S. (2009). Die Kraft des Ortes. Die Energien der Erde erspüren, erkennen und nutzen. Saarbrücken: Neue Erde. S. 30).

(5) Hänni, P. (2008). Wege zu Orten der Kraft. Plätze der Erholung, Inspiration und Heilung selbst finden. (2.Auflage). Baden: AT. 46

(6) Hänni, P. (2008). Wege zu Orten der Kraft. Plätze der Erholung, Inspiration und Heilung selbst finden. (2.Auflage). Baden: AT., Seite 46

(7) Purner, J. (2008). Im Zeichen der Wandlung. Über Forschungen und Erfahrungen auf dem Weg in eine andere Wirklichkeit. (2.Auflage). Schaffhausen: Novalis. S. 53).

(8) Purner, J. (2008). Im Zeichen der Wandlung. Über Forschungen und Erfahrungen auf dem Weg in eine andere Wirklichkeit. (2. Auflage). Schaffhausen: Novalis. S. 52.

(9) Purner, J. (2008). Im Zeichen der Wandlung. Über Forschungen und Erfahrungen auf dem Weg in eine andere Wirklichkeit. (2. Auflage). Schaffhausen: Novalis. Purner, 2008, S. 52.

(10) Inge Resch-Rauter, Unser Keltisches Kulturerbe ,1998 ISBN 3-9500-1670-8

(11) http://www.geheimprojekte.at/ls_thalheim.html

(12) https://www.ooegeschichte.at/epochen/zwischenkriegszeit/ein-kleines-dorf-in-schwerer-zeit-marchtrenk-1900-1938/die-verschwundene-schwarze-stadt/

(13) Hans Neubauer, Heimtabuch Thalheim bei Wels Seite 94

(13) Hans Neubauer, Heimatbuch Thalheim bei Wels Seite 17, 80, 93

(14) https://www.dioezese-linz.at/pfarre/4422/pfarre/kirchenpfarr-zentrum/article/113791.html

(15) https://de.wikipedia.org/wiki/Ägidius_(Heiliger)

(16) Heimatbuch Engerwitzdorf

(17) Marcus E. Levski, Der Magische Dreisesselberg Seite 98, 86, 33, Ancient Mail Verlag

(18) https://anthrowiki.at Uranus,_Neptun_und_Pluto#Der_Ursprung_von_Uranus_und_Neptun

(19) https://www.nachrichten.at/oberoesterreich/wels/gemaelde-kehrt-nach-restaurierung-in-thalheimer-nothelfer-kapelle-zurueck;art67,3108463

(20) „Kapellen, Marterl und Kreuze in Wels und Umgebung" von Dr. Bernhard Wieser

(21) https://de.m.wikipedia.org/wiki/Pontifex

(22) OÖ Heimatblätter 44. Jahrgang 1990, Helmut Grassner, Seite 120

(23) http://sites.prenninger.com/wandern-oe/gluecksplaetze

(24) Marcus E. Levski – Die Goldene Stadt im Untersberg 4, Ancient Mail Verlag

(25) Informationsbroschüre der Her-Jesu-Kirche Wels von Alfred Franke, Familie Barbara, Alfred Wiesinger, Hans Witkovsky

(26) https://www.dioezese-linz.at/pfarre/4464

(27) https://www.thalheim.at/Der_Reinberg_und_die_Marienwarte_3

(28) https://www.psiram.science/de/index.php/Duerrer-baum

(29) Valentinus – Der Untersberg und das Geheimnis des Lebens, BoD – Books on Demand, Norderstedt, ISBN: 978-3-7407-6359-6

(30) Ulrich Höllhuber, Der Birnabum auf dem Walserfeld, Wals-Siezenheim 2016, Im Eigenverlag der Gemeinde.
ISBN 978-3-2000-04513-2, Seite 80-81

(31) Nacherzählt Adalbert Depiny, Oberösterreisches Sagenbuch, Linz 1932, Seite 9 Nummer 53

(31 a) (https://www.ooegeschichte.at/epochen/zwischen-kriegszeit/ein-kleines-dorf-in-schwerer-zeit-marchtrenk-1900-1938/der-eiserne-tisch-weltweit-ein-unikat/)

(32) Werner Vogl, Geomantische Untersuchung Untersberg – Erläuterungsbericht, April 2016

(33) Stefan Brönnle, Geomantische Analyse über Wels abgerufen über https://www.geomantie-zentrum.de/media/15f2e58916163ddbffff80feac144220.pdf

(34) Alfred Watkins "The Old Straight Track“

(35) Alfred Watkins, Early British Trackways, 1922

(35a) https://de.wikipedia.org/wiki/Ley-Linie

(36) Laitenberger Diethild, Der Apfel, https://www.symbolonline.de/index.php?title=Apfel

(37) https://anthrowiki.at/Mond

(38) https://www.horoskop-paradies.ch/horoskop/venus.html

(39) https://anthrowiki.at/Alter_Saturn

(40) https://de.wikipedia.org/wiki/Marchtrenk

(41) http://www.viasaga.de/maerchen-und-sagen/ein-goettlicher-bote.html

(42a) https://www.astroschmid.ch/astrowissen/uranus.php

(42) Claus Krämer, Die Heilkunst der Kelten, Seite 117

(43)Über die komplizierten Herrschafts- und Rechtsverhältnisse im Bereich von Wels in der zweiten Hälfte des 12. Jahrhunderts siehe Holter-Trathnigg 1984/85, 60–64

(44) Salzburg anno 1800 – Die vergessene Schlacht auf den Walser Feldern. Österreichischer Miliz-Verlag, 1999. ISBN 10: 3901185186 ISBN 13: 9783901185182

(45) https://www.sn.at/wiki/Wals-Siezenheim

(46b) https://de.wikipedia.org/wiki/Kriegsnagelungen

(46a) C – Frautragen, herausgegeben von Eduard Hoffmann-Krayer, Hanns Bächtold-Stäubli

(46) Matthew Johnson: Archaeological Theory: An Introduction, 2. Auflage. Wiley-Blackwell, Chichester 2010, S. 4–5

(47a) David G. Kendall: A Survey of the Statistical Theory of Shape. In: Statistical Science. Jg. 4, Nr. 2 (Mai 1989), S. 87–99.

(47) http://dl.ub.uni-freiburg.de/diglit/zb_okkult-ismus1912/0050?sid=f0e46065b68102eb0cab23ff3bed45dd

(48) https://e-gov.ooe.gv.at/ndbinternet/NDBInternet GenisysDetail.jsp?mod=NSB&genisysInventarNr=nd596

(49) http://www.dortmund-postkolonial.de/?page_id=3482

(49a) Franz Kaufmann: Vom Talisman Karls des Großen. Kanonikus Anton Joseph Blees und der Aachener Münsterschatz zur Zeit der französischen Revolution. Zwei Abhandlungen zur Geschichte des Münsterschatzes. Creutzer, Aachen 1920.
https://de.wikipedia.org/wiki/Talisman_Karls_des_Gro%C3%9Fen

(50) https://www.mostbarone.at/Geschichte

(51) Zentralblatt für Okkultismus, Monatsschrift zur Erforschung der gesamten Geheimwissenschaften, herausgegeben von D. Georgievitz-Weitzer, Jahrgang (1912/13), Verlag von Max Altmann, Seite 42

(52) Hutter, Clemens M.: Iuvavum – Alltag im römischen Salzburg, Verlag Anton Pustet, Salzburg, 2012, Seite 24

(53) https://www.fischlham.at/Geschichte_von_Fischlham, erzählt von Irmgard Fischer nach den Dokumentationen von Erwin Fischer

(53a) (Lutherbibel 1984; Deutsche Bibelgesellschaft Stuttgart, https://www.bibelwissenschaft.de/de/bibeltext/Sir%201// bibel/text/lesen/ch/)

(54) https://de.wikipedia.org/wiki/Merowinger

(55) http://www.dietempler.net/die-merowinger.html

(56) https://kollektiv.org/der-heilige-gral-maria-magdalena-die-merowinger/

(57) Der Heilige Gral und seine Erben, Seite 277

(58) Die Sphinx von Fischlham*von Martina Pippal , Oberöstereichischer Musealverein – Gesellschaft für Landeskunde

(59) https://homepage.univie.ac.at/elisabeth.trinkl/forum/forum0300 /14pippal.htm

(59a) (Quelle: https://www.die-bibel.de/bibeln/online-bibeln/einheitsuebersetzung/bibeltext/bibel/text/lesen/stelle/76/40001/49999/

(60) Dante und die Templergnosis von Joseph P. Strelka

(61) Markus W. Merlin, Das verbotene Wissen der Kelten, Twentysix, 20. Februar 2017

(62) Sagenpflanzen und Pflanzensagen, Dr. E. M. Kronfeld, Leipzig 1919, S. 50ff Für SAGEN.at korrekturgelesen von Gabriele U., Juni 2005.

(62a) (https://www.historisches-lexikon-bayerns.de/Lexikon/Templer

(62b) http://www.zisterzienserlexikon.de/wiki/Bernhard_von_Clairvaux

(63) So etwa wurde der Stadt Bad Reichenhall um 1990 eine Handschrift, die wohl im 18. Jh. entstanden sein dürfte, zum Kauf angeboten. Diese befindet sich im Salzburg Museum und trägt die Signatur HS 2398. Im Text folgende Zeilenangaben beziehen sich auf diese Handschrift, ed. v. Weber-Fleischer, Die Überlieferung Das Erbe der „Lazarusgeschichte". Zur Entstehung und Instrumentalisierung der Untersbergsage Von Johannes Lang, Gesellschaft für Salzburger Landeskunde, Salzburg, Austria

(64) Eckhard Bieger, Bilderlexikon der christlichen Symbole, St Benno Verlag GmbH, Leipzig

(65) Mythos Untersberg, SYNESIS-Magazin Nr. 6/2013, Seite 39

(66) BHAGAVAD-GITA wie sie ist, Ausgabe von 1983 mit lateinischen Transliterationen, deutschen Synonymen, Übersetzungen und ausführlichen Erläuterungen. His Divine Grace, A. C. Bhaktivedanta Swami Prabhupada. Übersetzung aus dem Englischen: Vedavyasa dasa adhikari, Śacinandana dasa brahmacari, Pthu dasa adhikari (1974) © THE BHAKTIVEDANTA BOOK TRUST

(67) Markus Jonathan Koch, „Waldandacht am Untersberg mit Pfarrer Herbert Schmatzberger" vom 23 November 2015, https://www.meinbezirk.at/flachgau/c-lokales/waldandacht-am-untersberg-mit-pfarrer-herbert-schmatzberger_a1557191

(68) https://www.kraftort.org/Heiliges_Wasser/Osterreich/Quellen_SBG/Furstenbrunn/furstenbrunn.html

(69) https://www.kraftort.org/Deutschland/Bayern/Untersberg/Licht-_u__Zeitphanomene/licht-_u__zeitphanomene.html

(70) Rainer Limpöck, Buch Hoch und Heilig – Begegnungen von Menschen und Geistern am Untersberg

(71) Valentinus – Der Untersberg und das Geheimnis des Lebens, BoD – Books on Demand, Norderstedt, ISBN: 978-3-7407-6359-6

(72) https://de.wikipedia.org/wiki/Verkündigung_des_Herrn

(73) https://vistano.com/spirituelle-lebensberatung/sterne-und-deutung/das-sternbild-kleiner-loewe/

(74) https://de.wikipedia.org/wiki/Pfarrkirche_Großgmain

(75) *https://www.grossgmain.at/Marienwallfahrtskirche*

(76) https://de.wikipedia.org/wiki/Mater_Dolorosa

(77) https://de.wikipedia.org/wiki/Heiligstes_Herz_Jesu

(78) Wolf 2003, S.302., Dieter H. Wolf, Internationales Templerlexikon, Innsbruck 2003

(79) Alain Demurger, Die Templer. Aufstieg und Untergang. 1118-1314, München 1991.

(80) Koch 1990, S. 20. Wilfried Koch, Baustilkunde. Ein Standardwerk der europäischen Baukunst von der Antike bis zur Gegenwart, München 1990.

(81) CdbM 9, 245.Becker 1997, 113.

(82) https://de.wikipedia.org/wiki/David

(83) https://www.pcmthdietempelherren.org/content/der-orden/geschichte-der-templer/

(83a) (https://de.wikipedia.org/wiki/Kleiner_L%C3%B6we)

(83b) https://de.wikipedia.org/wiki/Samhain

(84) (Nacherzählt Adalbert Depiny, Oberösterreisches Sagenbuch, Linz 1932, Seite 3 Nummer 8) – Oberösterreichische Heimatblätter,

Herausgegeben vom Landesinstitut für Volksbildung und Heimatpflege in Oberösterreich 30. Jahrgang (1976), Heft 1/2

(85) (Nacherzählt Adalbert Depiny, Oberösterreisches Sagenbuch, Linz 1932, S.317, Nr. 69) – Oberösterreichische Heimatblätter, Herausgegeben vom Landesinstitut für Volksbildung und Heimatpflege in Oberösterreich 30. Jahrgang (1976), Heft 1/2

(86) (Nacherzählt Otto Böckel, Die deutsche Vorlkssage, aus Natur und Geisteswelt, Sammlung wissenschalftlich-gemeinverständlicher Darstellungenen, 262. Bändchen, Leipzig 1909, S. 90) – Oberösterreichische Heimatblätter, Herausgegeben vom Landesinstitut für Volksbildung und Heimatpflege in Oberösterreich 30. Jahrgang (1976), Heft 1/2

(87) (Nacherzählt Adalbert Depiny, Oberösterreisches Sagenbuch, Linz 1932, Seite 9 Nummer 53) – Oberösterreichische Heimatblätter, Herausgegeben vom Landesinstitut für Volksbildung und Heimatpflege in Oberösterreich 30. Jahrgang (1976), Heft 1/2

Sonstige Quellen

https://de.wikipedia.org/wiki/Nîmes

https://www.offenberger-oeg.at/de/radiästhesie/ley-lines-und-geomantie

https://www.ooegeschichte.at/epochen/roemerzeit/verwaltungsaspekte/staedte-und-siedlungen/ovilava-das-roemische-wels/

Kitzmantel Michael, Der Bombenkrieg und Wels. In: Nationalsozialismus in Wels 2 (Wels 2012) (1) ebenda S. 265-266

K. Willvonseder, Urgeschichten des Kreises W. Im Gau Oberdonau 1939

Die astrologische und kabbalistische Bedeutung der 78 Tarotkarten: Gesamtausgabe von Kurt Walchensteiner Seite 524

Publikation „Neue Steinzeitfunde im Unteren Mühlviertel“ von Alexander Binsteiner und Erwin M. Ruprechtsberge

John Michell: The View Over Atlantis. Sago Press, 1969.

Begegnung und Verhandlung: Möglichkeiten eines Kulturwandels durch Reise herausgegeben von Christian Berkemeier, Katrin Callsen, Ingmar Probst

(Thomabauer, 1927) Quelle: Sagen, Märchen und Geschichten um Karlstein, Dr. Alfred Dieck, herausgegeben von der Gemeinde Karlstein

Kataloge des OÖ. Landesmuseums N.F.Nr. 54, 1992, 401-408, ENTWICKLUNG DER LANDWIRTSCHAFT AUF DER WEISER HEIDE UND IHR EINFLUSS AUF DIE LANDSCHAFT SEIT DER FRÜHZEIT, DANIEL BOGNER, Biologiezentrum Linz

http://www.kirchen.net/pfarre-wals/pfarren/wals/filialkirchen/filialkirche-zum-hl-jakobus-d-ae-in-gois/#.XzLeqi335p8

https://de.wikipedia.org/wiki/Keltische_Anderswelt

https://www.dioezese-linz.at/pfarre/4422/pfarre/kirchenpfarr zentrum/article/113793.html

https://de.wikipedia.org/wiki/Tarvos_Trigaranus

Bildquellen

Abb. 27 – Das Erbe der „Lazarusgeschichte“. Zur Entstehung und Instrumentalisierung der Untersbergsage, Von Johannes Lang, Gesellschaft für Salzburger Landeskunde, Salzburg, Austria, Seite 162

Abb. 30 – Foto: Valentinus

Abb. 34 – https://homepage.univie.ac.at/elisabeth.trinkl/forum/forum0300/14pippal.htm

Alle anderen Fotos und Grafiken: Marcus E. Levski

Bildverzeichnis

Marcus E. Levski

Marcus E. Levski (**Maxim Niederhauser**) wurde in Russland geboren. Die ersten Lebensjahre verbrachte er in ländlicher Gegend. Seine Schulzeit und die Ausbildung zum Techniker wie Diplome in den Bereichen Human-Energetik, Bautechnik und Projektmanagement absolvierte er in Linz (Oberösterreich).

Aufgrund seiner spirituell-russischen Wurzeln wie der langjährigen Erfahrung im mittleren Management, entwickelte der Autor eine Faszination für das paradoxe Zusammenspiel zwischen Wissenschaft, Mystik und Religion.

Diese Themen bilden schließlich die Kulisse seiner Bücher.

Weitere Informationen über den Autor finden Sie auf seinen Webseiten:

http://www.marcus-levski.at/

http://www.kraftorte-wels.at/

Weitere Bücher von Marcus E. Levski und anderen Autoren zu den Rätseln der Geschichte dieser finden Sie im Verlagsprogramm des Ancient Mail Verlags:

Marcus E. Levski

Die Goldene Stadt im Untersberg

Roman

ISBN 978-3-95652-177-5, Paperback, DIN A5, 150 Seiten, 30 größtenteils farbige Fotos, **€ 16,90**

Der Forscher Jürgen Draft und der berühmte Physiker Professor Claras begeben sich in ein waghalsiges und mystisches Abenteuer rund um den sagenumwobenen Untersberg. Getrieben von Wissensdurst und in Verschwörungen um den Illuminatenorden und andere Geheimgesellschaften verstrickt, erleben die beiden Freunde eine Realität, wie sie absurder und ferner der unseren nicht sein könnte. Auf der Suche nach dem magischen und mystischen Kern, um den sich die Geschichten des Berges ranken, werden die beiden Abenteurer nicht nur in schockierender Weise mit ihren seelischen Schattenseiten konfrontiert, sondern stoßen auch an ihre persönlichen Grenzen wie auf den Zugang zum sagenhaften Land Agartha und zur darin befindlichen Goldenen Stadt. Fasziniert und gefangen von den eigenen Forschungen und Erlebnissen, entdecken die beiden Freunde noch weitere geheimnisvolle Hinweise, die sie bis nach Rumänien und zu den Pyramiden von Gizeh führen. Am Ende geraten die beiden Forscher jedoch, anders als vermutet, an einen seltsamen Mönch der ihnen einen mächtigen, schwarz-violetten Stein als Schlüssel der Wahrheit übergibt.

Marcus E. Levski

Die Goldene Stadt im Untersberg 2

Die Kronos-Offenbarung

Roman

ISBN 978-3-95652-210-9, Paperback, DIN A5, 200 Seiten, 28 zum Teil farbige Fotos, **€ 16,90**

Es geht Schlag auf Schlag. Der für tot gehaltene Sohn des Professors sowie ein Orden, der sich seit Jahrhunderten der Menschheit verschrieben hat – zwei Forschungspartner von Jürgen Draft, die es eigentlich nicht geben dürfte – der geheimnisvolle schwarz-violette Stein und ein altes Bündnis mit den Freimaurern und der Vril-Gesellschaft – Lichterscheinungen, Zeit- und Gravitationsanomalien sowie andere sagenhafte Phänomene, aber auch Hinweise zum Untersbergcode und eine Göttin namens Isais am Untersberg.

Die Zusammenhänge dieser Dinge brachten die abenteuerliche wie auch gefährliche Suche nach der goldenen Stadt im Zentrum der Erde zum Erfolg! Angekommen in dieser mysteriösen inneren Erde fanden die Freunde wohl – anders als erwartet – eine seit Jahrhunderten geplante Offenbarung der Zukunft sowie eine uralte dunkle wie mächtige Kraft, die aufzuerstehen droht.

Ist die Geschichte der Menschheit schon geschrieben? Gibt es noch Hoffnung für die Zukunft?

Die Kombination von realen Erlebnissen sowie den Ergebnissen von Recherchen rund um den Untersberg und anderen relevanten Fakten wie zusammengetragenen Quellen lassen diesen spirituellen Tatsachenroman fast zu einem Sachbuch werden. Eine spannende Kombination zwischen schon bekannten und noch nicht bewiesenen Fakten und um das Mysterium Untersberg!

Marcus E. Levski

Die Goldene Stadt im Untersberg 3

Das Empyreum

Roman

ISBN 978-3-95652-245-1, Paperback, DIN A5, 288 Seiten, 29 größtenteils farbige Fotos, **€ 18,90**

Ein ehemaliger Geheimdienstagent erhält den Auftrag, drei mysteriöse Bücher zu finden. Bei der Suche nach den Büchern wird dieser mit dem ominösen Illuminatenorden konfrontiert und erhält Einblick in eine schockierende Realität sowie eine uralte Prophezeiung für die Erde.

Protagonist Jürgen Draft kämpft sich mit seinen Freunden auch in diesem Band durch verschiedene Abenteuer, angefangen in der Eiswüste im Nirgendwo, wo er mit Professor Claras am Ende des zweiten Bandes gestrandet ist. Die rasante Reise führt das Team quer durch Österreich und bis in die Ukraine, aber auch in andere Zeitlinien und deckt Zusammenhänge und Ursprünge einer okkulten Weltverschwörung von enormer Tragweite auf.

Der dritte Teil der Saga der „Goldenen Stadt im Untersberg" basiert auf authentischen Erlebnissen und Recherchen des Autors, die in Romanform berichtet werden.

Marcus E. Levski

Die Goldene Stadt im Untersberg 4

Das Vermächtnis der Isais

Roman

ISBN 978-3-95652-267-3, Paperback, DIN A5,
212 Seiten, 15 Farbfotos, **€ 16,90**

Bei ihren jahrelangen Recherchen auf der Suche nach Hinweisen zu den Mysterien des Untersbergs sind Jürgen Draft und seine Freunde um den ganzen Erdball gereist. Jetzt, im vierten und letzten Teil der spannenden Romanreihe, laufen endlich alle Fäden zusammen.

Ein letztes Mal begibt sich Jürgen auf die Suche nach weiteren versteckten Informationen, Codes und Symbolen in ganz Österreich, die helfen sollen, das Geheimnis der heiligen Sieben und des Untersbergs sowie des schwarz-violetten Steins der Isais zu lüften.

Damien, ein alter Freund von Jürgen Draft, entdeckt im Dschungel von Sierra Leone ein uraltes Geheimnis und eine alte Prophezeiung, die mit der geheimnisvollen Isais und dem schwarz-violetten Stein in Verbindung stehen. Als er Jürgen davon berichtet, tritt er damit eine neue Suche und eine Lawine spektakulärer Ereignisse los ... Eine nervenaufreibende Jagd beginnt, die endlich die ersehnten Antworten bringt!

Mario Rank (Hrsg.)

Die Untersberg Anthologie

ISBN 978-3-95652-213-0, Din A5,
Paperback, 114 Seiten, 27 Farbfotos,
13 s/w-Fotos, **€ 12,80**

»Der Untersberg ist das Herz-Chakra Europas«, so bezeichnet der Dalai Lama jenen Berg zwischen Salzburg und Berchtesgaden, von dem eine Magie ausgeht wie von keinem anderen in den Alpen. Der Untersberg ist der sagenreichste, rätselhafteste und mystischste Ort der österreich-bayrischen Bergwelt. Seine mythische Kraft ist es, die uns seit Jahrhunderten in seinen Bann zieht.

Zum ersten Mal wurde am 18. März 2017 der Untersberg zum Gegenstand und Schauplatz eines grenzüberschreitenden Kongresses.

Im vorliegenden Band wird von namhaften Forschern und Autoren versucht, den Rätseln des Berges auf die Spur zu kommen. Zum Beispiel:

Was hat es mit den Zeitlöchern auf sich?

Gibt es eine Gravitationsanomalie?

Was suchten die Templer am Untersberg?

Wer entziffert die Geheimschrift der Illuminaten?

Wer knackt den Untersberg Code?

Diese und noch viele andere Fragen werden hier diskutiert und vielleicht auch beantwortet.

Mit Beiträgen von Reinhard Habeck, Wolfgang Stadler, Rainer Limpöck, Mag. Gabriele Lukacs, Mario Rank, Werner Betz, Elisabeth Heiß und Dr. Peter Kneissl

Marcus E. Levski

Die Geisterhöhle am Untersberg

Sachbuch

ISBN 978-3-95652-229-1, Rückenheftung, DIN A5, 40 Seiten, 14 farbige Fotos, **€ 7,90**

Eine Höhle, in der es spuken soll? Es gibt sie! Die so genannte Geisterhöhle oder auch Froasenhöhle am Fuße des Untersbergs.

Zahlreiche Mythen und Geschichten gehen mit dieser Höhle einher. Von Geistererscheinungen bis hin zu Panikattacken und einem angeblichen Zugang in das Innere der Erde wird berichtet.

Nach einem Fernsehbericht über meine Erlebnisse in dieser Geisterhöhle nach meinem Roman „Die Goldene Stadt im Untersberg" wurde die Höhle aus unbekannten Gründen verschlossen. Aufgrund der anhaltenden Berichte habe ich mich entschlossen, die Forschungen, Geschichten und die Mythen über diese Höhle zusammenzufassen.

Aktuelle Zeitzeugenberichte, Forschungen und der Mensch als Mittelpunkt an einem Berg, der im wahrsten Sinne des Wortes „mystisch" ist.

Marcus E. Levski

Magischer Dreisesselberg

Von Klangsteinen und besonderen Plätzen im geomantischen Fokus

Sachbuch

ISBN 978-3-95652-278-9, Paperback, DIN A5, 168 Seiten, 40 Farbfotos, **€ 17,80**

Auch als eBook erhältlich

Der Dreisesselberg im Dreiländereck war immer schon ein besonderer Ausflugsort für Einheimische und Bergliebhaber. Namhafte Geomanten und Radiästheten wissen ebenso um die Kraft dieses Berges in einem Gebiet voller Sagen und Mythen.

Durchstöbert man das Internet, so findet man einige Esoteriker und Fantasten, die den Dreisesselberg als ein zusammengebrochenes Bauwerk von einer früheren Zivilisation bezeichnen.

Von vorgefundenen Klangsteinen und Hinterlassenschaften nichtmenschlichen Ursprungs ist ebenso die Rede.

Wir begaben uns auf die Suche und wollen uns mit den wichtigsten Fragen auseinandersetzen:

- Was steckt tatsächlich hinter diesen Erzählungen?

- Was haben die Tempelritter damit zu tun?

- Wie steht der Untersberg mit dem Dreisesselberg in Zusammenhang?

- Was berichten Einheimische und die Geschichtsschreibung zu diesen Mythen?

... eine geomantische Expertise

... von neuen Sichtweisen und weiterführenden Gedanken